ELECTRONIC BUSINESS ENTREPRENEURSHIP

电商创业
基础、案例与方法

O2O 创新版

陈晓鸣 ◆ 著

人民邮电出版社
北京

图书在版编目（CIP）数据

电商创业：基础、案例与方法：O2O创新版 / 陈晓鸣著. —— 北京：人民邮电出版社，2016.7（2024.1重印）
ISBN 978-7-115-42151-7

Ⅰ．①电… Ⅱ．①陈… Ⅲ．①电子商务—商业经营
Ⅳ．①F713.36

中国版本图书馆CIP数据核字(2016)第122410号

内 容 提 要

在电子商务行业飞速发展的背景下，电子商务专业日趋成熟，电商创业走向常态，学习电商创业的理论与方法也成为了一种需要。本书对电商创业进行了系统性解析，以电商创业的实用案例和经典案例为载体，介绍电商创业理论，分析电商创业方法，启发电商创业思路，既有理论高度，也有实践深度。

全书介绍了创业基础与电商创业、电商的发展与前景，讨论了电商创业的方法与规律，解析了电商模式的跨界与整合、电商产品的开发与营销、特色电商的定位与机会、电商创业的切入与突破这4个方面的典型案例，并简述了风险投资。本书还在图书可视性方面进行了创新，进行了图书O2O的全新尝试，读者通过扫描二维码可以观看相关内容的18个视频（其中10个视频为作者的授课视频）。

本书既可以作为电商培训机构、大中专院校进行电商培训与创业教育的教材，也可以作为广大电商从业者的参考用书。

♦ 著　　　　陈晓鸣
　　责任编辑　刘　琦
　　执行编辑　朱海昀
　　责任印制　焦志炜

♦ 人民邮电出版社出版发行　　北京市丰台区成寿寺路 11 号
　　邮编　100164　　电子邮件　315@ptpress.com.cn
　　网址　http://www.ptpress.com.cn
　　北京隆昌伟业印刷有限公司印刷

♦ 开本：700×1000　1/16
　　印张：12.25　　　　　　　　2016 年 7 月第 1 版
　　字数：201 千字　　　　　　 2024 年 1 月北京第 12 次印刷

定价：32.00 元

读者服务热线：(010)81055256　印装质量热线：(010)81055316
反盗版热线：(010)81055315

陈德人
浙江大学教授

这几年微信、优酷等互联网圈里有一个"电商陈教授"很是风光，那不是我，是温州科技职业学院的陈晓鸣老师。我虽然没有和他进行深入交流，但知道他在电商教育方面有很多创新。2009 年，他获得了全国首届大学生电子商务"创新 创意 创业"挑战赛的优秀指导教师称号；2014 年，他在优酷开设了"电商陈教授"的视频自频道；2016 年，他又在喜马拉雅开设了"陈教授讲电商"的音频节目。

我几十年来一直在浙江大学从事计算机应用技术的教育科研工作。2000 年从 IBM 华生研究中心担任完高级访问学者回国后，我开始积极推动电子商务这一新兴领域，鼓励大学生投身到电子商务的网络创新创业潮流中。2011 年，我著有国内第一本全面反映大学生网络创业现状与动态的案例型创业教材——《大学生网络创业：理论、案例、平台》。随着时间的推移与技术的进步，大学生网络创业的形式与内容都发生了很大的改变，需要进行新的梳理、总结和更新。

这个时代是一个"大众创业、万众创新"最好的时代，其中以电商创业和服务创新尤为热门。国内外电商创业者不断将创新与创意融入自己的创业活动，使得电子商务创业的成功案例层出不穷。但是与此同时，大量的电商创业案例也使得电商学习者与电商创业者无所适从、不知从何学起。此时，陈晓鸣老师适时推出《电商创业：基础、案例与方法（O2O 创新版）》，可谓恰逢其时！

我推荐本书的理由有 4 点。

第一是系统性。本书在介绍创业基础、电商理论与网络经济的基础上，选取国内外 70 多个电商创业案例进行剖析，力求总结电商创业的规律，给出电商创业的方法。在理论基础上介绍案例，在案例分析中讲解方法，可谓自成体系。

第二是新颖性。本书不同于大部分"电商创业"类图书以"网上开店"或"网店运营"为核心，而是以"案例解析"为核心统领全篇。立足宏观看电商、落到微处谈创业，可谓形式新颖。

第三是时效性。本书的创作基于作者对于大量电商案例的观察和多次电商会议的思考，大部分均为国内外电商创业的典型案例。案例选取范围囊括了母婴、跨境、旅游、生鲜、医药、手机游戏等热门电商创业领域的最新案例，可谓颇具时效。

第四是创新性。本书通过扫描二维码可以观看部分内容的相关视频，其中还有作者的原创授课视频，可以说是进行了图书O2O（线下到线上）的全新尝试。文字之间有图片，文字之外有视频，图文并茂，可谓创新是也。

在此，希望读者可以通过此书学习电商、领会创业、获得启发，在电商创业路上少走弯路，多走正道，越走越顺！

2016 年 6 月

贾少华
义乌工商职业技术学院教授

"勤奋好学、学以致用"是我们职业教育圈内对陈晓鸣的普遍印象。我们是多年前在义乌工商职业技术学院举办的一次"创业教育研讨会"上认识的，当时他来学习、我在讲课。说实话，我对他的第一印象并不深刻。后来有一次我去温州讲学，他也在现场听课，给我留下的印象深了一点。2014 年起，每年 4 月义乌都会举办世界电商大会，他几乎每届会议都来参加，每场论坛都做笔记，这给我留下了深刻的印象。此外，我还听说他近几年每年都参加商派组织的电商大会、中国服务贸易协会电子商务委员会组织的电商年会等活动，可以说是"行程千里向企业学电商"。他是我们国内职业教育界中少有的经常参加企业会议的教师，因此积累了大量前沿的电商创业案例。他还将上述电商创业案例带回课堂，授课内容生动、形象，深受学生欢迎，也因此获得了温州科技职业学院首届"教坛新秀"的冠军。我也经常邀请他来我校讲课，他每次都能带来新案例、新观点。

大家可能都知道，我校的创业教育，特别是电商创业，开展得比较早，出过许多学生电商创业的典型，有个案例还入选了本书。陈晓鸣老师到义乌工商职业技术学院、浙江工商职业技术学院参观交流之后，综合了上述两校创业教育的成功经验，在温州科技职业学院推行了"厂商校师生"（指生产厂家、电商代运营企业、学校、教师、学生）校内电商创业教育模式。他主导设计并实践的该模式是将电商项目引入校内，学生只投入人力、不投入资金，没有底薪、只拿提成，从而在校内实现无风险电商创业。这种培养模式的最大意义在于可以使学生在校期间积累创业经验、提高未来创业的成功率；对生产厂家的销售、电商代运营企业的成长、学校创业教育的推进、教师的成长也都不无裨益。陈晓鸣既懂理论知识，又有实践经验；既做教育，也带创业。在当今高校这样的教师是少之又少，实属难能可贵。

陈晓鸣有过企业经历（曾在企业从事进出口业务），从事职业教育，还带学生创业。他的工作跨越了教育与创业，结合了电商与创业，可以说是一种跨界。他常年参加电商企业圈的各种会议，接触大量电商创业案例，为行业、企业与专业搭建了一座沟通的桥梁。本书所选电商创业案例涉及多屏、社交、分众、互联网理财等最新且热门的电商创业领域，可以说是与时俱进，迭代迅速。当前，大部分的图书都是采用图文并茂的方式，本书除图文结合以外，读者还可扫描二维码观看 18 个视频，可谓"有图有真相、有频有趣味"！

　　"跨界、桥梁、迭代、趣味"是我推荐本书的理由。本书或许可以为专业更新一些学习内容，为企业传播一些创业经验，为行业培养一些后续力量。

　　最后，祝愿读者可以通过本书的学习更懂电商，更会创业！

2016 年 6 月

据国家统计局数据，截至 2015 年年底，我国网民规模达到 6.9 亿人，互联网普及率从 42.1%提高到 50.3%。2015 年，全国网上零售额为 3.8773 万亿元，同比增长 33.3%；其中实物商品网上零售额为 3.2424 万亿元，增长 31.6%，超过社会消费品零售总额的 10%。据商务部测算，2015 年我国电子商务交易额已经超过 20 万亿元。2016 年 3 月 21 日，阿里巴巴集团宣布 2016 财年（2015 年 4 月 1 日至 2016 年 3 月 31 日）阿里中国零售平台（包括淘宝、天猫、聚划算）电商交易额超过 3 万亿元。这意味着阿里巴巴已经超越沃尔玛，成为全球最大的零售平台。

在电子商务行业高速发展的背景下，全国高校普遍开设了电子商务专业，同时全国各地的电商创业活动也正在掀起一轮又一轮的高潮。学习电商专业的学生与从事电商创业的人员急需系统地学习电商创业的理论与方法，但是市场上的"电商创业"类图书大都围绕"网上开店流程""网络营销方法""主流平台操作"等内容提供微观实践层面的指导，缺乏理论高度和实践深度的指引。本书对电商创业进行了系统性解析，通过电商创业案例介绍理论、分析方法、开拓视野、启迪思维。

本书来源于作者多年来对于数百个电商案例的连续观察和数十次电商会议的现场记录，选取中美两国 70 多个电商创业案例进行深度解析，努力给读者呈现出一个"电商创业"的大格局，使读者形成"电商创业"的大视野。本书以电商创业案例为载体，介绍电商创业理论，分析电商创业方法，启发电商创业思路。同时，本书还在可视性方面进行了创新，通过扫描二维码可以观看相关内容的 18 个视频（其中 10 个为作者的授课视频），进行了图书 O2O 的全新尝试。全书以创业基础与电商创业开篇，以电子商务的发展与前景作为铺垫，引出电商创业的方法与规律；核心部分包括电商模式的跨界与整合、电商产品的开发与营销、特色电商的定位与机会、电商创业的切入与突破 4 个部分典型案例的深度解析；最后以风险投资的概述与案例结束。每章均包含概述、要点、引例、正文、讨论、思考这几个组成部分，思考题均设计为开放性的问题。

本书适合电商创业者、电商从业者与电商专业学生。如果选用本书作为教学用书，建议学时为 36 学时，建议采用理论讲授与案例讨论相结合的教学模式，鼓励采用头脑风暴法进行开放式的思考与学习，各章节学时建议详见以下学时分配表。

学时分配表

章节	课程内容	学时
第 1 章	创业基础与电商创业	4
第 2 章	电子商务的发展与前景	4
第 3 章	电商创业的方法与规律	4
第 4 章	电商模式的跨界与整合	4
第 5 章	电商产品的开发与营销	4
第 6 章	特色电商的定位与机会	4
第 7 章	电商创业的切入与突破	4
第 8 章	风险投资的概述与案例	4
	复习或其他安排	2～4
学时总计		34～36

本书由温州科技职业学院的陈晓鸣独著完成。作者在本书创作过程中，得到了浙江大学陈德人教授、义乌工商职业技术学院贾少华教授、浙江商业职业技术学院沈凤池教授的大力支持和热情帮助，在此对他们深表感谢。

由于作者水平和经验有限，加之电商行业发展日新月异，书中难免有欠妥和错误之处，恳请广大读者批评指正。

陈晓鸣

2016 年 6 月

目 录
CONTENTS

目 录

CONTENTS

CHAPTER1

第1章
创业基础与电商创业

概述

本章从就业与创业切入，引出创业的内涵与类型，介绍创业的意义与意识，为读者夯实创业基础；从创业行业选择、电商创业的形式、电商创业的风险3个方面概述电商创业。

要点

1. 就业的含义与形势、创业的含义与形势
2. 创业者与创业精神
3. 复制型、模仿型、安定型和冒险型4种创业类型
4. 创业的四大意义，创业意识的四大要素和五大内容
5. 电商的广义与狭义定义、电商创业的含义
6. 有形商品的批发、零售和网上拍卖3种电商创业形式
7. 无形商品的网上订阅、付费浏览、广告支持、网上赠与和专业服务5种电商创业形式
8. 收入、法律、推广、物流和人工等方面的电商创业风险

引例

俞敏洪反对"一毕业就创业"

2010 年的两会期间，全国政协委员、新东方创始人俞敏洪的"鼓励大学生毕业后去创业是一个误导"的言论引起了很大争论。2010 年 4 月，北京青年报记者采访了俞敏洪先生，他依然坚持自己的观点。

俞敏洪先生表示，如果一个人一辈子没有一次创业经历的话，那是一件非常遗憾的事情。但由于现今大学生多数是独生子女，人与人之间的相处、对于行业的了解、容忍度等都尚不成熟，在面对极其复杂的创业环境时，会给创业增添几分风险。因此，在面对大学生就业难的大背景下，社会鼓励大学生毕业后去创业，实际上是一个误导。

他说自己研究过一些国家的教育体制，仅有美国在鼓励大学生毕业后去创业。"我们讲创业就会谈到比尔·盖茨，为什么呢？毕竟像比尔·盖茨这样具有天赋的人屈指可数。"俞敏洪说，大学是大学生认真研究、学习的地方，而现在中国的大学中却有这样一种时尚，大学生在大学一二年级便开始琢磨如何去做生意，把大学四年应该认真学习、积累知识的使命给忽略了。因此，鼓励大学生在校期间或毕业后就去创业会带来诸多不利因素，同时，这也是对大学教育的严重冲击。

"如果说鼓励大学生在校创业的话，请问我们有几个老师有过在校创业的经历？我们的老师会理解大学生创业的艰辛吗？"他说，"每次谈到鼓励让大学生在校期间或毕业后就去创业这个话题，我都会泼凉水，请大家不要一毕业就创业，除非你是比尔·盖茨！"

俞敏洪指出，大学生在校期间或毕业后就创业成功的例子非常少，因为一旦创业失败，首先会给学生带来心态上的问题。在创业中遇到困难或挫折时，通常情况下年轻的大学生不会自我反思，找出真正失败的原因以积累经验再次创业；他们只会怨社会太黑暗、极不公平，认为社会资源高度集中于少数人手中。另外，他们还会怨恨人心，比如创业初期约定与几个同学合作，但当遇到问题时便会推卸责任，把问题归结于创业团队的懒惰、贪婪、不合作，从而对创业团队和社会失去信心。

一个年轻人一旦对社会失去信心、对周围的人失去信心，他对未来的学习、工作就会没有激情。只要认真观察就会发现，一些大学生毕业后就直接创业，由于初期创业的诸多因素而失败，便会对未来缺乏信心。因此，俞敏洪认为大学生毕业应该先工作，即便是在你父母的单位工作，毕竟现在很多父母本身就是创业者。他说，"比如我的孩子长大了，我就会鼓励他到我这里来实习，通过我言传身教，告诉他如何应对各种困难，如何对社会、对人保持信心与激情。这样一来，不仅可以积累丰富的工作经验，还可以观察老板如何工作，学会如何与同事相处，尤其是在权衡利益与权力的人群社会之中，变成令大家折服的人。"

（注：本文引自 2010 年 4 月 20 日《北京青年报》相关报道）

讨论

"我是去就业，还是去创业？"类似的争论从来就没有停止过。结合自身情况，对"毕业后先就业"或"毕业后就创业"展开讨论，并说明支持上述观点的理由。当然，也可以只选择"就业"或者"创业"，同样请说明理由。

1.1 创业基础

1.1.1 就业与创业

（1）就业的含义

就业是指在法定年龄内的有劳动能力和劳动愿望的人们所从事的为获取报酬或经营收入进行的活动。

如果再进一步分析，则需要对就业从 3 个方面进行界定：

一是就业条件，指在法定劳动年龄内，有劳动能力和劳动愿望；

二是收入条件，指获得一定的劳动报酬或经营收入；

三是时间条件，即每周工作时间的长度。

（2）就业的形势

近些年来，几乎每年媒体都会惊呼"史上最难就业季"，可见当前大学毕业生就业形势之严峻。全国高校 2013 届毕业生约为 699 万人，2014 届高校毕业生约为 727 万人，2015 届高校毕业生约为 749 万人。虽然大学应届毕业生人数屡创新高，但大学应届毕业生的期望起薪却屡创新低。2015 届大学毕业生期望起薪降至 2500 元，创 5 年来新低。

麦可思研究院 2015 年的调查显示，2014 届中国大学毕业生半年后的平均月收入为 3487 元，比 2013 届（3250 元）增长了 237 元，比 2012 届（3048 元）增长了 439 元，三届增幅为 14.4%。值得注意的是，2011 届大学生毕业三年后平均月收入为 5484 元（本科为 6155 元，高职高专为 4812 元），与其毕业时相比月收入涨幅比例为 98%。由此可见，大学毕业生的教育回报不是一毕业就能体现的，但在 3 年后的回报是明显的。

据不完全统计，2016 年全国高校毕业生约 770 万，再加上出国留学回国的约 30 万海归，以及之前没有找到工作的往届毕业生，预计将有 1000 万大学生同时竞争各类岗位。与此同时，我国经济下行压力增大，将对就业产生较大影响。就业和经济增长是高度相关的，GDP 每增长 1 个百分点能拉动 150 万人就业，经济下行势必会影响到就业。我国目前处于结构调整的重要时期，传统行业面临困境，第三产业将成为就业岗位增长的支柱。近年高校毕业生人数如图 1-1 所示。

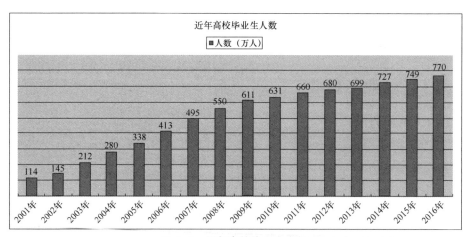

图 1-1　近年高校毕业生人数

（3）创业的含义

创业是创业者对自己拥有的资源或通过努力对能够拥有的资源进行优化整合，从而创造出更大经济或社会价值的过程。创业是一种劳动方式，是一种需要创业者运营、组织、运用服务、技术、器物作业的思考、推理和判断的行为。根据杰夫里·提蒙斯（Jeffry A. Timmons）所著的创业教育领域的经典教科书《创业创造》（New Venture Creation）的定义，创业是一种思考、推理结合运气的行为方式，它为运气带来的机会所驱动，需要在方法上全盘考虑并拥有和谐的领导能力。科尔（Cole，1965）把创业定义为发起、维持和发展以利润为导向的企业的有目的性的行为。

创业是一个人发现了一个商机并加以实际行动转化为具体的社会形态，获得利益，实现价值。创业作为一个商业领域，致力于理解创造新事物（新产品、新市场、新生产过程、新的原材料或组织现有技术的新方法）的机会，如何出现并被特定个体发现或创造，这些人如何运用各种方法去利用和开发它们，然后产生各种结果。

（4）创业的形势

根据麦可思研究院发布的《2015 年中国大学生就业报告》显示，我国大学毕业生自主创业比例持续上升。2014 届大学毕业生自主创业比例为 2.9%，比 2013 届高 0.6%，比 2012 届高 0.9%。其中，应届本科毕业生创业比例为 2.0%，高职高专毕业生创业比例为 3.8%。从近三届的趋势可以看出，大学毕业生自主创业的比例呈现持续和较大的上升趋势。2014 届大学生中约有 19.1 万人选择了创业，行业主要集中在销售职业类，其中 2014 届本科毕业生自主创业最集中的前两位行业类是教育业和零售商业，而高职高专毕业生自主创业最集中的前两位行业类是零售商业和建筑业。

大学毕业生创业的主要动因是"理想就是成为创业者""有好的创业项目"，这种机会型创业的毕业生占创业总体的 85%，培养创业意识是提升大学毕业生自主创业的有效途径。报告发现，2011 届大学生毕业半年后有 1.6%的人自主创业，3 年后有 5.5%的人自主创业，与毕业时相比提升了 2.4 倍，说明有更多的毕业生在毕业 3 年后选择了自主创业。2011 届本科生毕业 3 年后自主创业人群的月收入为 9040 元，比 2010 届高 7%，比 2011 届本科生毕业 3 年后平均月收入（6155 元）高 47%。高职高专生毕业 3 年后自主创业人群月收入为 7292元，比 2010 届该指标高 10%，比 2011 届高职高专生毕业 3 年后平均月收入（4812 元）高 52%。

2015 年中国大学毕业生就业报告图解如图 1-2 所示。

图1-2 2015年中国大学毕业生就业报告图解

1.1.2 创业的内涵与类型

（1）创业的内涵

① 创业者

法国经济学家Cantillon于1755年首次将"创业者"概念引入经济学。他认为创业者是指某个人发现某种信息、资源、机会或掌握某种技术，利用或借用相应的平台或载体，将其发现的信息、资源、机会或掌握的技术，以一定的方式转化、创造成更多的财富、价值，并实现某种追求或目标的过程的人。1800年，法国经济学家萨伊（Say）将创业者描述为将经济资源从生产率较低的区域转移到生产率较高区域的人，并认为创业者是经济活动过程中的代理人。美国著名经济学家熊彼特（1934）则认为创业者应为创新者。这样，创业者的概念中又加了一条，即具有发现和引入新的更好的能赚钱的产品、服务和过程的能力。

我国香港创业学院院长张世平认为，创业者（Entrepreneur）是一种主导劳动方式的领导人，是一种无中生有的创业现象，是一种需要具有使命、荣誉、责任能力的人，是一种组织、运用服务、技术、器物作业的人，是一种具有思考、推理、判断的人，是一种能使人追随并在追随的过程中获得利益的人，是一种具有完全权利能力和行为能力的人。

在欧美学术界和企业界，创业者被定义为组织、管理一个生意或企业并承担其风险的人。创业者的对应英文单词是 Entrepreneur，Entrepreneur 有两个基本含义：一是指企业家，即在现有企业中负责经营和决策的领导人；二是指创始人，通常理解为即将创办新企业或者是刚刚创办新企业的领导人。

② 创业精神

创业精神（Entrepreneurship）是指在创业者的主观世界中，那些具有开创性的思想、观念、个性、意志、作风和品质等。创业精神有三个层面的内涵：哲学层次的创业思想和创业观念，是人们对于创业的理性认识；心理学层次的创业个性和创业意志，是人们创业的心理基础；行为学层次的创业作风和创业品质，是人们创业的行为模式。

创业精神包含"对机会的追求、创新和增长"三大主题。对机会的追求是追求环境的趋势和变化而且往往是尚未被人们注意的趋势和变化；创新包含了变革、革新、转换和引入新方法——即新产品、新服务或新的生意方式；增长是不满足于现有规模，创业者希望企业能够尽可能地增长。

（2）创业的类型

克里斯琴（Christian）认为创业依照其对市场和个人的影响程度可以分为四种类型，即复制型创业、模仿型创业、安定型创业和冒险型创业。

① 复制型创业

复制型创业往往复制原有公司的经营模式，创新的成分很低。例如，某人原本在餐厅里担任厨师，后来离职自行创立一家与原服务餐厅类似的新餐厅。新创公司中属于复制型创业的比率虽然很高，但由于这种类型创业的创新贡献太低，缺乏创业精神的内涵，不是创业管理主要研究的对象。

② 模仿型创业

模仿型创业虽然也无法给市场带来新价值的创造，创新的成分也很低，但与复制型创业的不同之处在于，其创业过程对于创业者而言具有很大的冒险成分。例如，某一纺织公司的经理辞掉工作，开了一家当下流行的网络咖啡店。这种形式的创业具有较高的不确定性，学习过程长，犯错机会多，代价也较高昂。这种创业者如果具有适合的创业人格特性，经过系统的创业管理培训，掌握正确的市场进入时机，还是有机会获得成功的。

③ 安定型创业

安定型创业虽然为市场创造了新的价值，但对创业者而言，本身并没有面临太大的改变，做的也是比较熟悉的工作。这种创业类型强调的是创业精神的实现，也就是创新的活动，而不是新组织的创造，企业内部创业即属于这一类型。例如，研发单位的某小组在开发完成一项新产品后，继续在该企业部门开发另一项新品。

④ 冒险型创业

冒险型创业除了会给创业者本身带来极大改变之外，也给创业者个人的前途带来很高的不确定性。对新企业的产品创新活动而言，从事这种类型的创业也将面临很高的失败风险。冒险型创业是一种难度很高的创业类型，有较高的失败率，但成功所得的报酬也很惊人。这种类型的创业如果想要获得成功，必须在创业者能力、创业时机、创业精神发挥、创业策略研究拟定、经营模式设计、创业过程管理等各方面，都有很好的搭配。

1.1.3 创业的意义与意识

（1）创业的意义

① 缓解社会就业压力

创业能力是一个人在创业实践活动中的自我生存、自我发展的能力。一个创业能力很强的个人不但不会增加社会的就业压力，相反还能通过自主创业活动为社会创造大量的就业机会，缓解社会的就业压力。因此，世界各国政府普遍把创业视为拉动就业的手段。

② 推动国家持续发展

美国前总统里根曾说过，一个国家最珍贵的精神遗产就是创新，这是国家强大与繁荣的根源。创新是一个民族的灵魂，是一个国家兴旺发达的不竭动力，创业则是创新的最佳载体，一个缺乏创业和创新的国家是无法实现持续发展的。

③ 实现自我人生价值

通过自主创业，可以把自己的兴趣爱好与职业和事业紧密结合，做自己最感兴趣、最愿意做和最值得做的事情。个人可以最大限度地发挥自己的才能，最大限度地获取经济报酬。从创业实践来看，许多人创业主要原动力也是来自于谋求自我人生价值的实现。

④ 提高自身综合素质

通过创业实践，创业者可以充分调动自己的主观能动性，改变自身的就业心态，自主学习，独立思考，并学会自我调节与控制，提高自身综合素质。即使创业失败了再去就业，也比未经过创业锻炼的人明显更具备竞争力。

（2）创业意识

创业意识是指人们从事创业活动的强大内驱动力，是创业活动中起动力作用的个性因素，是创业活动的主要驱动因素。以下就创业意识的四大要素和五大内容进行分析。

创业意识包含以下四大要素。

① 创业需要

创业需要是指创业者对现有条件的不满足，并由此产生的最新的要求、愿望和意识，是创业实践活动赖以展开的最初诱因和最初动力。但仅有创业需要，不一定有创业行为，想入非非者大有人在，只有创业需要上升为创业动机时，创业行为才有可能发生。

② 创业动机

创业动机是指推动创业者从事创业实践活动的内部动因。创业动机是一种成就动机，是竭力追求获得最佳效果和优异成绩的动因。有了创业动机，才会有创业行为。

③ 创业兴趣

创业兴趣是指创业者对从事创业实践活动的情绪和态度的认识指向性。它能激活创业者的深厚情感和坚强意志，使创业意识得到进一步的升华。

④ 创业理想

创业理想是指创业者对从事创业实践活动的未来奋斗目标较为稳定、持续的向往和追求的心理品质。创业理想属于人生理想的一部分，主要是一种职业理想和事业理想，而非政治理想和道德理想。创业理想是创业意识的核心。

创业意识包含以下五大内容。

① 商机意识

真正的创业者，会在创业前、创业中和创业后，始终面临着识别商机、发现市场的考验。创业者必须有足够的市场敏锐度，可以宏观地审视经济环境，洞察未来市场形势的走向，以便作出正确的决策来保证企业持续发展。

② 转化意识

仅有商机意识是不够的，还要在机会来临时抓住它，也就是把握机会，把商机转化成实实在在的收入和公司的持续运作，最终实现自己的创业梦想。转化意识就是把商机、机会等转化为生产力；把知识才能转化为智力资本、人际关系资本和营销资本。

③ 战略意识

创业初期需要制订一个合理的创业计划，解决如何进入市场、如何卖出产品等基本问题。创业中期需要制定整合市场、产品、人力方面的创业策略，转换创业初期战略。需要指出的是，创业战略不只有一种，也没有绝对的好坏之分，关键要适合自己的创业之路。在这条路上应时刻保持着战略的高度，不以朝夕得失论成败。

④ 风险意识

创业者要认真分析自己在创业过程中可能会遇到哪些风险，一旦这些风险出现，要懂得应该如何应对和化解。创业者是否具备风险意识和规避风险的能力，将直接影响到创业的成败。

⑤ 勤奋/敬业意识

李嘉诚说过，事业成功虽然有运气在其中，主要还是靠勤劳，勤劳苦干可以提高自己的能力，就有很多机会降临在你面前。创业者一定要务实勤奋，不能光说不练。可以从小投资开始，逐步积累经验，不能只想一夜暴富。没有资金和人脉不要紧，关键要有思路和想法，有勇气去迈出第一步，才有可能成功。

 相关链接

世界顶尖创业家——埃隆·马斯克

埃隆·马斯克（Elon Musk）1971年6月28日出生于南非，工程师、慈善家，曾任或现任PayPal（贝宝，世界著名的网络支付平台）、Space X（太空探索技术公司）、Tesla（特斯拉）以及SolarCity 4家公司的CEO。

2011年6月，马斯克度过了他40岁生日。在40年里，他成功地把自己从南非国籍变成美国国籍；成功地设计并卖出一款视频游戏（12岁时）；获得两个学士学位；参与设计并卖出网络时代第一个内容发布平台；担任美国最大的私人太阳能供应商Solar City的董事长；参与创立和投资PayPal；参与设计能把飞行器送上空间站的新型火箭（价格全世界最低、研发时间全世界最短）；投资创立生产世界上第一辆能在3秒内从0加速到60英里的电动跑车公司，并成功量产。

2012年5月31日，马斯克旗下公司Space X的"龙"太空舱成功与国际空间站对接后返回地球，开启了太空运载的私人运营时代。马斯克的公司是目前世界上唯一掌握了航天器发射回收技术的私人企业。

2013年11月21日，美国著名财经杂志《财富》揭晓了"2013年度商业人物"，特斯拉汽车CEO马斯克荣登榜首。

2015年12月22日9时29分，Space X成功发射猎鹰9号（Falcon 9）火箭，发射10分钟后完美回收一级火箭，再次创造了历史。

马斯克是天才创业冒险家，据说电影《钢铁侠》就是以他的故事为蓝本创作的。

1.2 电商创业

电子商务的概念有广义与狭义之分。广义电子商务是指使用各种电子工具从事商务活动；狭义电子商务是指主要利用互联网从事商务活动。无论是广义的还是狭义的电子商务概念都涵盖了两个方面：一是离不开互联网这个平台，没有了网络，就称不上为电子商务；二是通过互联网完成的是一种商务活动。

狭义电子商务（Electronic Commerce，EC）是指通过使用互联网等电子工具（这些工具包括电报、电话、广播、电视、传真、计算机、计算机网络、移动通信等）在全球范围内进行的商务贸易活动。它是以计算机网络为基础所进行的各种商务活动，包括商品和服务的提供者、广告商、消费者、中介商等有关各方行为的总和，人们一般理解的电子商务通常是指狭义上的电子商务。

广义电子商务（Electronic Business，EB）是指通过电子手段进行的商业事务活动。通过使用互联网等电子工具，使公司内部、供应商、客户和合作伙伴之间，利用电子业务共享信息，实现企业间业务流程的电子化，配合企业内部的电子化生产管理系统，提高企业的生产、库存、流通和资金等各个环节的效率。

所谓电商创业，与通过别的方式创业并没有本质上的区别，通俗地讲就是利用电子商务手段实现价值、开创事业。

草根创业者在进行电商创业时，缺少办公场地、硬件设备、启动资金、人员帮手等必需条件，则可以通过 SOHO（ Small Office、Home Office，自家办公）、进驻政府提供硬件设施的电商创业孵化园、免息贷款、外包给在校生勤工俭学等方式零成本或低成本补齐资源。在创业资源（包括人力、物力、财力等）的整合上建议采用"先用有的、没有去换、然后去借、不行就租、最后才买"的次序，即先用自有资源，然后用交换而来的资源，还不够就用借来的资源，再用租来的资源，最后才用买来的资源。概括地说，就是采用"有、换、借、租、买"的顺序整合资源、为创业所用。

1.2.1 创业行业选择

俗话说"男怕入错行，女怕嫁错郎"，尤其是对于创业这样高风险的事业的行业选择来讲，更应该慎之又慎。美国 3 家相互独立的机构（ Sageworks、Plunkett Research、IBISWorld）调查得出了美国 2012 年 11 个最好的创业领域。这 11 个领域依次分别是大数据、电子商务、环境咨询、全方位服务餐厅、互联网的出版和广播、IT 咨询、移动或者群体游戏、宠物护理美容、住宅建设、供应链管理和水源保护。3 家公司认为这些行业一方面增长快速，同时对于创业企业又比较容易进入。其他一些快速增长的行业，比如能源、纳米技术等，因为要求大量的资本，不适合创业者。

事实上从实践来看，中国的创业热点从某种程度上都是紧随美国，业内戏称为 C2C（Copy to China），因此这一结论在中国也具有一定的借鉴意义。

1.2.2 电商创业的形式

（1）有形商品

商品是指用于交换的劳动产品。有形商品则是指具有实物形态、通过交换能够带来经济利益的劳动产品。在电商交易中，其特征为仍需借助物流才能实现实际交付。有形商品的电商创业具体包含以下 3 种形式。

① 批发电子商务

批发电子商务是指专门从事批量商品交易活动的电子商务形式。国内早期电商就是从批发电子商务开始发展起来的，著名的网站包括阿里巴巴、中国制造网、慧聪网等。

② 零售电子商务

零售电子商务是指把商品出售给个人消费者或社会团体消费者的电子商务

形式。国内最具知名度电商大都属于此种形式，著名的网站包括淘宝、京东、1号店等。

③ 网上拍卖

网上拍卖是以互联网为平台、以竞争价格为核心，建立生产者和消费者之间的交流与互动机制，共同确定价格和数量，从而达到均衡的一种市场经济过程。美国电商巨头 eBay 是这种电商形式的代表，阿里旗下的闲鱼是目前国内最为知名的此类网站。

（2）无形商品

无形商品是指对一切有形资源通过物化和非物化转化形式使其具有价值和使用价值属性的非物质的劳动产品以及有偿经济言行等，包括软件、电影、音乐、电子读物、信息服务等可以数字化的商品。在电商交易中，其特征为无需借助物流、通过网络即可直接送达购买者手中。因此，这类电子商务被称为完全电子商务。无形商品的电商创业具体包含以下 5 种形式。

① 网上订阅

网上订阅指的是企业通过网页安排向消费者提供网上直接订阅，消费者直接浏览信息的电商形式。网上订阅模式主要被商业在线机构用来销售报纸、杂志、有线电视节目等。例如，美国《华尔街日报》在 iPad 电子版订阅价为每月17.99 美元，而纸质版订阅价为每月 29 美元。

② 付费浏览

付费浏览指的是企业通过网页安排向消费者提供计次收费性网上信息浏览和信息下载的电商形式。付费浏览模式让消费者根据自己的需要，在网址上有选择地购买一篇文章、一章书的内容或者参考书的一页。在数据库里查询的内容也可付费获取。另外，一次性付费参与游戏娱乐也是很流行的付费浏览方式之一。例如，万方数据库提供大量付费浏览的论文，优酷提供大量付费观看的视频。

③ 广告支持

广告支持是指在线服务商免费向消费者或用户提供信息在线服务，而营业活动全部用广告收入支持。这种形式是目前无形商品最常见、最成功的电商形式。由于广告支持模式需要企业的广告收入来维持，因此该企业网页能否吸引大量的广告就成为该形式能否成功的关键。而能否吸引网上广告主要靠网站的知名度，知名度又要看该网站被访问的次数。广告网站必须对广告效果提供客观的评价和测度方法，以便公平地确定广告费用的计费方法和计费额。例如，我国的四大门户网站——腾讯、新浪、网易和搜狐的早期收益大都来自广告收入。

④ 网上赠与

网上赠与是一种非传统的商业运作形式，是企业借助于国际互联网用户遍及全球的优势，向互联网用户赠送商品，以扩大企业的知名度和市场份额。通过让消费者试用该商品，促使消费者购买另外一个相关的商品。由于所赠送的大都为无形的计算机软件产品，而用户是通过国际互联网自行下载，因而企业所投入的分拨成本很低。例如，许多软件公司都提供免费的试用版产品，然后出售收费的升级版产品。

⑤ 专业服务

服务是指为他人做事，并使他人从中受益的一种有偿或无偿的活动。它不以实物形式而以提供劳务的形式满足他人某种特殊需要。网上的专业服务范围很广，比如分类信息领域的58同城和赶集网等，旅游领域的携程、艺龙和去哪儿网等，专业为淘宝店铺引流的淘宝客等。这种形式的电商创业大多基于创业者的个人技能和已有条件，资金风险较小。例如，水电工在58同城上发布"提供上门水电安装"的信息获取业务，农民在去哪儿网上发布"民宿"的信息获取住客。

 相关链接

中国当代青年创业楷模——田宁

田宁，盘石网盟（全球最大的中文网站联盟之一）创始人、董事长兼CEO，全面负责盘石的战略与运营管理。1999年大学毕业前开始创业，2000年毕业于浙江大学，2012年初接棒马云成为杭州（中国电子商务之都）新一届电子商务协会掌门人。

田宁是中国当代青年创业的楷模，曾于1999年创立中国首批大学生企业之一——盘石计算机网络有限公司。2003年进军互联网行业，经过10年的发展，盘石已经成为全球最大的中文网站联盟之一，覆盖超过95%的中国网民，拥有1000多名全球顶尖的网站联盟技术研发工程师和客户服务顾问，是全球提供中文网盟广告服务最专注、最专业的行业领袖公司。

田宁同时是一位备受尊崇的中国青年商界领袖，2008年成为世界经济论坛达沃斯全球成长型企业领军代表，2010年荣获中国电子商务杰出贡献人物；2011年成为G20峰会区域企业领袖代表，荣获"中国民企年度创新人物"称号，并被授予"全球数字媒体广告创新人物"称号；2012年被世界经济论坛（WEF）授予"全球青年领袖"称号。

2013年4月，田宁被《财富》（中文版）评为2013中国40岁以下的商界精英。

财富杂志在评语中写道：1999年，田宁在大学学习期间就已经开始创业。如今，田宁创办的盘石公司已经成为国内中小企业互联网广告服务的首选，专注为中小企业提供精准的定向网络营销服务，田宁本人也成长为中国电子商务领域年轻一代的领军人物之一。2013年初，盘石官网完成了向社交电商平台的转变，实时竞价及价格预测功能和模式将成为新的亮点。田宁喊出口号：盘石要在技术领域全面超越百度和谷歌，像卖自来水一样卖广告。

1.2.3 电商创业的风险

（1）收入不高难坚持

由于电商创业的资金门槛较低，引来大量创业者加入，带来了行业内部的激烈竞争。以网上的一次"淘宝店主月收入"调查来看，44%的淘宝店主月收入为1000元～2000元，22%在2000元～3000元，2%在6000元以上，普遍的讲法是"70%的淘宝店主月收入在1000元～3000元"。由此可见，电商创业并非是"遍地黄金"，收入不高导致了大量电商创业者放弃。

（2）法律风险需注意

由于竞争激烈，为了获取更高的利润，大量出售"A货""超仿""精仿"名牌商品的店铺充斥于网络。创业者必须清楚，任何没有获得某品牌授权的商家出售该品牌商品均属违法行为，存在着潜在的法律风险。

（3）物流制约拓市场

电商越不发达的地区，由于缺少物流的规模效益，物流成本越高。与此同时，物流成本越高，对电商不发达地区的市场开拓就越难。比如，某些经营需要冷链配送产品的电商创业者深感某些西部城市的物流成本过高，大大制约了他们对此类新兴潜在市场的开拓。

（4）推广费用占大头

电商业内人士都知道开店费用不是电商的主要费用，推广费用才是最主要的费用。以淘宝为例，有人曾经总结其运营 7 字诀为"刷单开车报活动"。刷单是指制造虚假交易获取更高排名，开车是指开通"淘宝直通车"等付费营销手段，报活动是指报名参加平台的各项活动。上述行为大多需向平台支付费用，因此推广费用过高是电商创业者必须考虑的风险。

（5）人工成本持续涨

电商运营过程中会尽可能地采用软件自动化处理，减少对人工成本的依赖，比如客服等。但是以大部分电商创业者的实践来看，目前某些工作还是必须由人工去完成，比如打包、发货、填运单等。由于工资的刚性上涨（即工资几乎是只涨不跌的），导致了人工成本的持续上涨。对此，电商创业者必须有所警惕，需提前做出应对安排。

思考

1. 从全世界来看，创业成功的概率低于 5%。有人把创业形象地比喻为"九死一生"。同时一些连续创业者获得了巨大的成功，最典型的是埃隆·马斯克（Elon Musk），他是 PayPal、Space X、Tesla、Solar City 4 家著名公司的联合创始人。请思考创业成败的关键要素，按重要性罗列出 10 项以上。

2. 在有形商品和无形商品中各选取一项产品作为自己电商创业的主打产品，并说明自身选定这一产品的优势和劣势。

CHAPTER2

第2章
电子商务的发展与前景

概述

本章从电商发展、电商巨头和电商创新角度介绍电子商务的发展创新；从电商框架、电商类型和电商应用角度概括电子商务的理论实践；从电商路径、电商案例和电商领域角度分析电子商务的应用前景。

要点

1. 全球电商发展回顾与"双十一"奇迹
2. 亚马逊与阿里巴巴等电商巨头
3. 支付宝在第三方支付、余额宝在互联网理财等领域的创新
4. 虚拟商场、物流中心等8个电商框架组成部分，虚实结合、无形商品等3种电商类型，C2C、B2C、B2B这3种传统电商模式，团购、专业零售等4种电商应用形式
5. 淘宝起步、平台分销、天猫入驻、操作外包、独立运营等常规电商路径
6. 戴尔、钻石小鸟、小米3个电商案例
7. 入口争夺、O2O、F2O、C2B、C2M、生鲜电商等未来电商重点领域

引例

何洪伟的草根电商创业之路

何洪伟，2004年从义乌工商职业技术学院毕业，在短短的5年时间里一手创办年销售额达数千万元的万客投资管理有限公司，写就了一段草根青年的传奇故事。

1982年3月，何洪伟出生在浙江省松阳县玉岩镇何山头行政村源坑自然村。作为村里的第一个大学生，何洪伟通过绿色通道才得以入学，一边打工一边上学，直到毕业还欠了学校一大笔学费。2004年毕业后，何洪伟进入义乌一家外贸公司工作。参加工作没多久，何洪伟再三思量后决定自己创业，但实体的创业门槛是何洪伟这样的贫困生难以企及的。

2005年，计算机专业毕业的何洪伟尝试着开了一家淘宝小店，批发义乌的家居类小商品，打开了另外一片天地。凭着勤劳和诚信，不到一年的时间里，他的网店就做到了5钻，在义乌的网店界颇具名气。在一年的网店经营过程中，何洪伟发现了一个当时所有淘宝网店面临的共性问题。那时候，基本上所有淘宝网店的店主，都是从当地批发市场拿货的，几乎没有人从网络上批发拿货，尽管当时阿里巴巴网站已经开始做网络批发生意了，但都是针对企业的大额批发。为什么不成立一个更大的网店，专门给淘宝网店店主们提供小额批发供货呢？何洪伟敏锐地嗅到了商机。

2006年5月，何洪伟设立了"万客商城"网站，在电子商务界率先做起了网上小额批发的生意。刚开始，他凭借原先淘宝网店的知名度，逐渐把顾客吸引到"万客商城"网站上。久而久之，由于服务热情、物美价廉，"万客商城"打出了一定的知名度，不少淘宝网店店主便慕名接踵而来。

成功的背后是智慧和汗水。"万客商城"上的货物之所以受众多淘宝网店店主的青睐，是因为何洪伟进货时的独特眼光。"我专门找淘宝网店卖的人多的和没有人在卖的货！"他说这是两个"极端"，卖的人多的货，说明这货很受消费者喜爱。没人在卖的货，则是市场上刚出来的东西，奇货可居。

做批发生意需要投入大量的资金，何洪伟一方面一次次地借钱，另一方面则说服供货商"先货后款"……一年下来，他买了面包车，雇了将近10个人，销售额也像滚雪球一般地增长。手头渐渐宽裕的他没有忘记培养自己的母校，2007年上半年他补交了1.5万元学费。同时还决定每年出资3万元设立创业基金，为义乌工商职业技术学院的学子提供创业机会。

2008 年上半年，何洪伟注册成立了义乌市万客投资管理有限公司。如今他的"万客商城"成了国内领先的创意用品网上供货平台，而他的进货渠道也逐渐从义乌市场开始转向全国各地的厂家。

2010 年 9 月 10 日，在由中国电子商务协会、杭州市政府、阿里巴巴集团联合主办的第七届网商大会上，何洪伟入选"2010 全球十佳网商"。

（注：本文改写自网络营销教学网站 http://www.wm23.com/wiki/24664.htm）

讨论

草根青年何洪伟不是"高富帅"，贫困家庭出身，全无名校背景。他是如何在淘宝经营中找到商机，如何选择商品，如何克服劣势整合供货商，如何发挥优势服务淘宝卖家的呢？

2.1 电子商务的发展创新

2.1.1 电商发展

（1）全球电商发展回顾

2007 年拉丁美洲的电子商务较上一个年度增长了 40%，拉丁美洲是指美国以南的美洲部分，主要包括墨西哥、巴西和阿根廷 3 个国家，其中墨西哥和巴西是人口过亿的大国。2008 年美国电子商务零售（不包括批发）的规模是 1337 亿美元。2009 年日本的电商规模是 5.6547 万亿日元（日元和美元可以大致按 1∶100 换算）。2010 年第一季度中国的电子商务突破了 1 万亿元人民币的规模（包括零售与批发）。

2009 年淘宝交易额突破了 2000 亿元，日营业额接近购物天堂——香港，已经成为中国最大的商场，超过了中国最大的连锁商场——世纪联华。将淘宝和香港比较，具有可比性，为什么呢？因为淘宝不是一个商店，而是一个商城，所以可以将淘宝所有店铺的销售额跟香港整个城市所有店铺的销售额进行比较。我国的香港是世界闻名的购物天堂，因为香港采用自由港政策，国外大量的商品都是免税进入我国香港的，比如许多日本生产的化妆品在我国香港著名的莎莎化妆品连锁店的零售价格比日本商店还要便宜。因此，将淘宝与香港两者的交易额进行比较，2009 年淘宝超越香港是具有指标意义的。与任何一个实体商场比较，包括义乌小商品城，中国最大的商场就是淘宝（含天猫）。2013 年天猫跟淘宝的在线商品数已经达到了 14 亿件，相当于义乌小商品城商品数的 1000 倍。淘宝商城（现为天猫）在 2009 年有 50 家网店月销售额超过了百万元，当时称为百万店，月销百万在零售范畴已经是一个不错的业绩了。

（2）"双十一"奇迹

191 亿元、350 亿元、571 亿元、912 亿元，近些年来阿里"双十一"的交易额屡创新高。在 2012 年的 11 月 11 日，支付宝一天的成交额是 191 亿元，其中天猫占了 132 亿元，淘宝是 59 亿元。数字背后的含义是阿里系的成交额大约 2/3 来自天猫，仅有 1/3 左右来自淘宝。这说明在零售行业目前的主流是 B2C，而不是 C2C。在整个"双十一"活动中，天猫的成交额一般都会高过淘宝，而且这个比例还会持续上升。阿里官方在当年做了一个比喻，如果把 191 亿元的百元纸币堆高，约有 19000 米高，相当于世界最高建筑迪拜塔的 23 倍；如果用一台点钞机去点，需要用 133 天才能点完。在当年的"双十一"中，日销过亿元的有 3 家店铺——杰克琼斯、骆驼服饰和全友家居。到了 2013 年，这个数据很快又被刷新了，"双十一"一天的成交额达到了 350.19 亿元。如果将这些纸币堆起来，等于 4 个珠穆朗玛峰的高度；如果单张平铺，可以铺满 585 个足球场；如果用火车去拉，需要 7 个火车皮才能装下。

阿里利用 11 月 11 号的网络节日机会（即网友所称的"单身节""光棍节"），契合厂商年终库存清仓的需要，将它逐步运作成为"全民购物狂欢节"，造就了世界电商史上现象级的"狂促"经典，客观上也在中国普及了电商。在此，将其概括为"造节造势促销售、半价购物狂欢节"。近几年阿里"双十一"发展历程如表 2-1 所示。

表 2-1 2009 年至 2015 年阿里"双十一"发展历程

年份	成交金额（元）	关键词
2009	5200 万	起航
2010	19 亿	爆仓
2011	52 亿	突破

年份	成交金额（元）	关键词
2012	191 亿	天量
2013	350 亿	物流爆仓
2014	571 亿	移动网购
2015	912 亿	全球购物狂欢

扫一扫，且听作者如何讲述电商发展。

2.1.2　电商巨头

（1）亚马逊（Amazon）

美国知名的电商亚马逊 2012 年实现的营业收入是 610 亿美元，超过了美国最大的家电连锁商店百思买（类似于苏宁的连锁家电卖场），其中亚马逊在日本的营业额是 7300 亿日元，超过了日本电商乐天。亚马逊 2015 年的营业收入达到了 1070 亿美元，比 2014 年的 890 亿美元增长了 26%。

亚马逊的成就与它的创始人杰夫·贝佐斯紧密相关。杰夫·贝佐斯原为华尔街的一位基金经理，25 岁即成为某信托公司最年轻的副总裁。此后，他发现 1994 年美国上网人数约为 1993 年的 23 倍。他敏锐地意识到网络会是未来的趋势，于是辞掉了在纽约华尔街基金经理的工作，来到西雅图选择网上书店开始了自己的创业。他选择网上书店创业的理由值得广大创业者学习，现分析如下：第一，当时他发现，美国没有一家实体书店能够在全国的市场份额超过 20%，也就是说市场没有垄断者；第二，书是非常适合网上销售的品类，因为它体积小、价值高、不腐烂、难破损、而且没有保质期；第三，当时美国政府为了鼓励电商，给了电商销售免税的优惠政策。

亚马逊后来还研发了 Kindle 系列产品，Kindle 是一种电子书阅览器。通过购买 Kindle 和电子图书，图书等产品将以电子版形式进行制作、出版和销售，较之纸质图书的制作、印刷、物流等环节，成本大为降低。根据著名投行摩根士丹利的测算，亚马逊 Kindle 生态系统在 2013 年占据该公司总营业收入的 11%，占据其营业利润的 23%。

（2）阿里巴巴（Alibaba）

历经 15 年的发展，阿里巴巴已经成为世界电子商务的巨人。2014 年 9 月，阿里巴巴成功地在美国上市，成为当时史上最大 IPO（首次公开招股）。根据其招股说明书透露，截至 2013 年年底，淘宝和天猫的活跃买家超过 2.31 亿，活跃卖家大约为 800 万。所谓活跃就是指有成交的非"僵尸"客户。2013 年，淘宝、天猫和聚划算，阿里巴巴合称为中国零售平台，总交易规模达到人民币 15420 亿元，约合 2480 亿美元。这个数据，超过了美国最大的两家电商 eBay 和亚马逊的总和。到 2013 年年底，阿里巴巴拥有的现金及短期投资大约是 78.76 亿美元。2013 年整个阿里巴巴平台，大约达成了 113 亿笔交易，平均每个买家达成 49 笔交易、平均每笔成交金额为 136 元。这个平台产生的包裹占到全中国包裹数的 54%。

阿里巴巴最大的机构股东是软银（持股 34.4%）和雅虎（持股 22.6%）。同时软银也是雅虎的大股东，因为软银（创始人为孙正义）是阿里巴巴（创始人为马云）和雅虎（创始人为杨致远）共同的早期投资机构。阿里最大的个人股东是马云（持股 8.9%）和蔡崇信（持股 3.6%）。蔡崇信是阿里巴巴的副董事长，为阿里资深 CFO（首席财务官），是阿里的二号人物。蔡崇信先生出身于我国台湾的律师世家，在美国耶鲁大学获得博士学位，曾在我国香港从事投行工作，后放弃 70 万美元年薪、以"500 元月薪"加入阿里巴巴。阿里主要股东持股占比情况如图 2-1 所示。

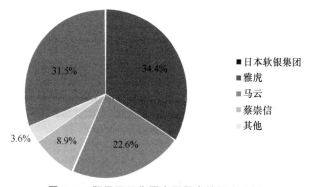

图 2-1　阿里巴巴集团主要股东持股占比图

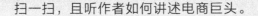扫一扫，且听作者如何讲述电商巨头。

2.1.3　电商创新

（1）第三方支付之支付宝

所谓第三方支付，就是一些和产品所在国家以及国外各大银行签约、并具备一定实力和信誉保障的第三方独立机构提供的交易支持平台。在通过第三方支付平台的交易中，买方选购商品后，使用第三方平台提供的账户进行货款支付，由第三方通知卖家款到发货；买方检验物品后，就可以通知平台付款给卖家，第三方再将款项转至卖家账户。

在第三方支付发明之前，由于电商不见面交易的特点，货款支付方面缺乏诚信环境，电商的发展存在着非常大的障碍，即使在美国也是如此。PayPal（贝宝）创造了一种模式，叫第三方支付，解决了电子商务中"卖家拿钱不给货、买家拿货不给钱"的问题。具体支付交易流程如图 2-2 所示。

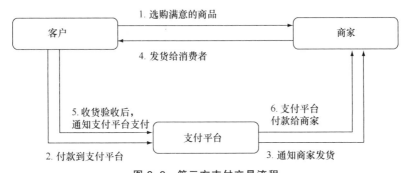

图 2-2　第三方支付交易流程

为了解决淘宝平台上交易的支付安全问题，阿里巴巴推出了"支付宝"，现已发展成为世界上最大的第三方支付平台。以下以"支付宝"为例简要说明第三方支付平台的盈利模式。

第一，在淘宝等阿里平台开店，卖家通常必须使用支付宝且需要给平台 15 天的账期，资金沉淀产生的利息是支付宝的一大盈利来源；第二，非阿里平台卖家使用支付宝收款需要支付一定比例的费用，这是支付宝的另一大盈利来源；第三，增值收费服务也是支付宝的一大盈利来源，比如收费的账户余额变动短信提醒服务；第四，只要买家或卖家不将资金转移出支付宝，其实资金都在支付宝的资金池内，海量资金的沉淀可以为支付宝带来巨额盈利。

（2）互联网理财之余额宝

由于客户将资金存放于自身的支付宝账户是无法产生收益的，因此越来越多的客户会尽量减少资金在支付宝的沉淀、转向其他可以产生收益的渠道。2013年，支付宝与天弘基金（已被阿里巴巴控股）联合推出了"余额宝"。余额宝的创新主要有3点：第一，余额宝的申购门槛降至1元，符合了草根理财的需要；第二，理财账户与大部分银行储蓄卡直接互通，还可直接通过支付宝进行购物；第三，余额宝的账户余额可以享受高于银行存款的定期（1年期）利率、却享受活期存款的存取自由。

天弘基金数据显示，从规模和利润数据看，截至2015年年底，余额宝规模增至6 207亿元，连续3个季度稳定在6 000亿元以上；余额宝用户数达到2.6亿人，较2014年年底增加42%，蝉联全球单只基金的用户数冠军。数据显示，约有1/5的国人已成"宝粉"，2015年余额宝为"宝粉"赚到收益231亿元，成立两年多共创造了489亿元的收益。后余额宝时代，天弘基金除了优化余额宝支付属性、理财属性外，还大力拓展其社交属性。为"宝粉"量身打造了"宝粉网"，目前注册用户数已达2000万，成为行业首家金融社交网站。

扫一扫，且听作者如何讲述电商创新。

2.2　电子商务的理论实践

2.2.1　电商框架

电子商务的基本框架是指电子商务活动环境中所涉及的各个领域以及实现电子商务应具备的技术保证。电子商务的基本框架如图2-3所示。

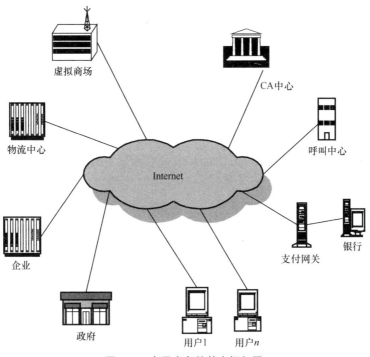

图 2-3 电子商务的基本框架图

（1）虚拟商场

虚拟商场又称"虚拟商店"，是电子商务的典型组织形式，是建立在互联网上的虚拟购物场所。因为它们大都没有传统商场或商店通常应有的实体建筑物形态，因此被冠以"虚拟"之名，如唯品会、1号店等。

（2）物流中心

根据国家标准《物流术语》，将物流中心定义为："从事物流活动的场所或组织，应基本符合以下要求：主要面向社会服务；物流功能健全；完善的信息网络；辐射范围大；少品种、大批量；存储吞吐能力强；物流业务统一经营管理。"我国的物流快递业格局大体上可以概括为"四通一达一天一顺"，四通即申通、圆通、中通、百世汇通4家快递；一达为韵达快递；一天为天天快递；一顺为顺丰速运。

（3）企业

企业一般是指以营利为目的，运用各种生产要素（土地、劳动力、资本、技术和企业家才能等），向市场提供商品或服务，实行自主经营、自负盈亏、独立核算的法人或其他社会经济组织。电子商务的参与方（尤其是卖家）还是以企业为主，也就是 B 方。因为在商业活动中，企业（B）总是比个人（C）表现得更为敏感，更容易尝试新的商业模式。以阿里巴巴的主营业务为例，从 B2B（阿里巴巴）起步、在 C2C（淘宝）扩大、于 B2C（天猫）巩固。

（4）政府

政府，是国家权力机关的执行机关，即国家行政机关。政府在电子商务里最主要的角色是制定政策、实施监管。早年美国电商开始发展的时候，美国政府就给予了电商销售免税的扶持政策，这就给了电商很大的发展空间。

（5）用户

用户一般是指城镇、农村接受某种有偿服务的客户，这里的用户指的是电商企业用户（B）和电商个人用户（C）。目前电商用户已经遍布世界各地，正从企业用户向个人用户不断拓展。比如我国大量农村个人用户直接跳过了 PC（个人计算机）时代进入了移动时代，通过手机、平板等移动终端成为了电商用户，为电商未来的发展带来了更为广阔的空间。值得注意的是，个人用户既可以是买家、也可以是卖家，比如大量的 C2C（消费者对消费者的电子商务）卖家同时也是买家。

（6）银行+支付网关

支付网关（Payment Gateway）是银行金融网络系统和 Internet 网络之间的接口，是由银行操作的将 Internet 上传输的数据转换为金融机构内部数据的一组服务器设备，或由指派的第三方处理商家支付信息和顾客的支付指令。在电商的发展中必然涉及支付，各大银行纷纷通过支付网关进入电商支付市场。我国第一家开展网银业务的银行是招商银行，现在已经没有一家银行不开展此项业务了。为什么？第一，做网银可以搭上电商的快车，拉升业务；第二，做网银可以大量减少营业场所和员工，降低成本。

（7）呼叫中心

呼叫中心就是在一个相对集中的场所，由一批服务人员组成的服务机构，通常利用计算机通信技术，处理来自企业、顾客的咨询需求。因为网络文字沟通始终没有人工语音沟通顺畅，因此几乎所有的电商企业都设置语音客服热线。如今许多电商企业也将大量的客服业务外包出去，采用"云客服"的形式降低沟通成本。

（8）CA 中心

CA（Certificate Authority）中心即证书授权中心，或称证书授权机构，作为电子商务交易中受信任的第三方，承担合法性检验的责任。认证中心作为权威的、可信赖的、公正的第三方机构，专门负责发放并管理所有参与网上交易的实体所需的数字证书。比如个人开网店需要用身份证进行实名认证，企业开网店需要用营业执照进行实名认证，这些审核便是 CA 的责任。

扫一扫，且听作者如何讲述电商框架。

2.2.2　电商类型

电商企业按其经营形式或商品主要分为虚拟柜台、虚实结合和无形商品 3 种类型；传统电商按其经营方式主要分为 C2C、B2C、B2B 3 种模式。

（1）虚拟柜台

虚拟柜台指的是无实体店铺的电商经营形式。比如亚马逊在很长的时间里坚持只有仓库没有店铺的经营形式。早年其创始人贝佐斯参加某书展期间打出招牌——"世界最大书店"！有一个出版商很感兴趣，就问他："你说的世界最大书店开在哪里？"他回答道："在网上！"当时很多人都不相信世界上最大的书店是没有柜台的，时至今日已经不用怀疑虚拟柜台依然可以成为世界上最大的网上书店。

这种虚拟柜台是目前大部分电商所采用的经营形式，也是主流的电商类型。

（2）虚实结合

虚实结合就是既采用实体店铺、又采用虚拟柜台的经营形式，现在流行的讲法叫 O2O（Online to Offline，从线上到线下）。比如星巴克推出的移动订单和支付功能，美国消费者可以在抵达任意一家星巴克门店前先通过 APP（移动客户端）下单点咖啡并进行支付，然后到店领取，不用排队等候。目前星巴克在美国每个月处理的移动订单已经超过 500 万份，并且这个数字还在迅速增加。事实上，星巴克已经成为最成功、最庞大的 O2O 应用案例之一。

（3）无形商品

无形商品是指电商交易的是虚拟商品，如点卡、充值卡等无需物流配送的商品，这类商品天然在很大程度上无需店铺经营。比如我国互联网三巨头——BAT（Baidu 百度、Alibaba 阿里巴巴和 Tencent 腾讯）没有一家是售卖有形商品的。具体地讲，它们 3 家的主打产品分别是信息搜索、商业信息和信息通信。从经济学角度来看，它们都是通过占用大量信息、继而用于出售来获利的。

电商企业的类型大致分为上述 3 种，但传统电商模式则分为以下 3 种。第一种电商模式为 C2C（Consumer to Consumer），即消费者对消费者的电子商务，俗称个人对个人，例如淘宝。第二种电商模式为 B2C（Business to Consumer），即企业对消费者的电子商务，俗称企业对个人，例如天猫。第三种电商模式为 B2B（Business to Business），即企业与企业之间的电子商务，俗称企业对企业，例如阿里巴巴。

扫一扫，且听作者如何讲述电商类型。

2.2.3　电商应用

传统电商在过去几年的发展中，不断推陈出新，创新了许多的电商应用形式，现分析如下。

（1）团购

团购（Group Purchase）就是团体购物，指认识或不认识的消费者联合起来，加大与商家的谈判能力，以求得最优价格的一种购物方式，电商在团购方面的应用大多是通过团购网站来实现的。Groupon 是美国最为知名的团购网站，后来这个模式被引入中国，已经成为年轻人的一种时尚购物方式。目前中国知名的团购网站包括美团、百度糯米、大众点评、聚划算等。

（2）专业零售或服务

专业零售或服务是指专注于某类产品的零售或服务的电商应用形式。因为对于资源不足的草根创业者而言，唯有专注才有可能在某一细分领域胜出。比如国内的梦芭莎专注于内衣零售、麦包包专注于箱包零售、去哪儿网专注于旅游服务、58 同城专注于分类信息服务，它们也都成为了各自领域的佼佼者。

（3）综合零售

综合零售通俗地讲就是几乎涵盖生活所有方面所需的零售业态，比如传统的超市。目前国内的综合零售电商企业包括阿里巴巴（含天猫与淘宝等平台）、京东、1号店、唯品会等知名企业。这类企业的竞争需要海量资本支撑，建议一般创业者切勿轻易涉足。

（4）比价返现

比价是消费者的刚需，而返现则是刺激刚需的手段。某返现网站以"神马优惠都是浮云，直接返现最给力"为口号，按一定比例直接将现金返还给通过其引流的消费者。这种模式的本质是通过返现网站的流量团购降低各大电商的引流成本，再将其中部分利润以返现的形式返还给消费者。这类电商应用竞争的关键可以用"三度"概括：一是合作的广度，即合作网站的数量；二是返现的力度，即返还现金的比例；三是融资的强度，即投入资本的多少。

扫一扫，且听作者如何讲述电商应用。

2.3　电子商务的应用前景

在完成电商的发展创新与理论实践的介绍之后，以下就电商的应用前景进行简要探讨。

2.3.1　电商路径

（1）淘宝起步

淘宝具备低门槛、高流量等其他平台无法比拟的优势，是国内最适合草根电商创业起步的平台。此外，国内电商的主流操作方式几乎都脱胎于淘宝运营，使得淘宝成为最佳的练手平台，为日后电商的发展打下坚实的基础。草根创业者大约需要几千元即可开始淘宝的创业之路，建议由此开始电商创业。

（2）平台分销

由于淘宝毕竟是零售平台，单个或数个淘宝店铺的销量终究有限，对于需要一定销量才能实现盈亏平衡的产品大都采用平台分销的方法，因此近些年来涌现出了大量的"一件代发"业务。具体来讲，就是通过某些平台找到大量的零售商，将一定的利润空间留给零售商，同时通过"一件代发"直接将产品发往最终顾客。这种方式借用了零售商的零售渠道和批发商的仓储物流，是双方较可接受的合作方式。阿里巴巴（www.1688.com）是目前国内最大的 B2B 电商平台，也是通常建议采用的分销平台。

（3）天猫入驻

天猫是目前国内最大的 B2C 零售平台，也是大量品牌的必争之地，同时也是大量厂商的伤心之地。根据某地某行业协会统计，该协会会员企业 2014 年天猫店铺的经营情况是"七亏二平一赚"，即仅有10%的盈利率。天猫店铺的入驻费用、商城扣点和推广费用较高，行业价格竞争和人工费用高企等都是导致盈利率太低的原因。因此，对于大部分创业者在不具备综合竞争优势的情况下，建议要对天猫入驻持谨慎态度。

（4）操作外包

目前许多企业的电商业务是外包给专业电商公司运作的，这类公司称为电商代运营公司。假设企业需要聘请 3 个全职员工运营电商，目前在浙江省这笔人工费用每年至少需要 10 万元，这是大部分中小企业难以承受的。如果将整个电商业务外包给专业公司运营，投入产出比反而更划算。因此，对于大部分不熟悉电商运营的传统企业在转型电商的初期，建议采用操作外包的方式试营电商业务。

（5）独立运营

如果具备了一定的综合实力，则可采用独立部门甚至成立子公司的方式运营电商业务，具体包括以下路径。

① 自建电商网站

电商业务要上台阶，一定要有自己的网站，不能依赖于第三方平台。因为依赖第三方平台开展业务，必然受限于平台的规则，比如天猫店铺的搜索排序等资源都需要通过竞价获取。同时，自建电商网站的引流是困扰大部分电商的大问题，所以大部分规模电商都采用自有网站辅以平台店铺的多渠道销售方式。

② 巨资网络营销

在搜索引擎领域，百度已经在国内占据垄断地位，因此大部分电商网站的推广大都通过这一渠道。"关键词竞价排名"是百度的最主要盈利模式，即被搜索网站需要依据"关键词"向百度付费获取排名以便用户搜索和点击访问。百度的某些热门关键词价格不菲，因此此处采用"巨资网络营销"警示创业者此项高昂费用，切莫轻易投入。

③ 原有渠道合作

许多传统企业在转型线上电商销售时都需要解决与原有线下销售渠道的冲突问题。某净水器厂家在转型线上平台销售的同时，将其原有线下经销商转变为线下服务商，由厂家负责线上销售，由当地线下服务商负责仓储、配送与安装。这样一来，厂家线上开店销往全国市场，商家线下关店设仓完成当地服务，各自赚取应得的利润，创造了厂商"双赢"的局面。

④ 独立部门运作

由于电商业务的作息时间不同于传统企业，在业务发展到一定规模之后，传统企业需要成立独立的电商部门专门运营此项业务。例如，电商客服的工作时间普遍为"朝九晚九"，而不是传统企业的"朝九晚五"。如果不单独设立部门运作，难免会出现电商客服员工因与其他部门员工作息时间不统一而消极怠工的现象。

扫一扫，且听作者如何讲述电商路径。

2.3.2　电商案例

电商发展至今，国内外出现了几家利用电商"神速发展"的企业，现就其中几个典型案例分析如下。

（1）戴尔

1984 年，迈克尔·戴尔先生在 19 岁时以 1000 美元资本创立了戴尔公司。20 世纪 90 年代，戴尔以火箭般的增长速度跻身全球五大计算机制造商之列，并将目光锁定于当时尚未有企业涉足的网络服务器市场。戴尔公司较早涉足了电子商务，通过其官网实现直销，在 1996 年成为全球第一个在线销售额达到 100 万美元的公司。戴尔的电子商务模式颇具代表意义，现总结分析如下。

① 按需定制少库存

戴尔计算机在电商直销中可以按照消费者个人意愿生产，满足消费者的个性化需求，做到"按需定制"。在实际操作中，"以信息代替库存"，戴尔在全球的平均库存天数可以降到7天之内，而一般PC（个人计算机）厂商的库存时间约为2个月。

② 款货先后有利润

对于戴尔的下游客户而言，必须"先款后货"，即先付款后发货；对于戴尔的上游供应商而言，必须"先货后款"，即先供货、后收款。上述方式对于戴尔而言，本质上就是提前获得客户货款、延后支付供应商货款。戴尔从中赚取利润的方式就是收取用户货款与支付供应商货款之间的时间差，这中间产生的利润至少是公司自有资金的存款利息。

③ 直销消灭中间商

戴尔采用官网直销的电商模式，没有代理商、批发商和零售商，缩短了销售链，几乎消灭了中间商（仍需物流服务商）。由于消灭了中间商、加快了库存周转速度，戴尔产品在终端市场的"性价比"大为提高，这也构成了戴尔市场竞争的利器之一。

（2）钻石小鸟

钻石小鸟始创于2002年，率先把"线上+线下"的模式引入网络高价值商品销售，是国内最早的网络钻石品牌之一。现已发展成为国内领先的钻石品牌，同时也是国内知名的电商企业之一。这种线上线下结合的电商经营形式也被形象地比喻为"鼠标加水泥"，鼠标指的是线上虚拟网店，水泥指的是线下实体店铺。

① 线上线下共获信任感

钻石小鸟2002年起步于一家小网店，虽然获得了一定的线上销量，但是由于钻石产品是高价值商品，难以获得大量潜在客户的信任感。许多潜在客户担心钻石的真假、成色、切工等问题，不敢轻易下单。钻石小鸟除了线上销售之外，还在北上广等多个城市设有线下体验中心，它的首家线下体验店（上海体验中心）2005年开张当月线上销量即增加了5倍。

② 开在写字楼节省租金

钻石小鸟的体验店称为体验中心，均开设于写字楼而非沿街商铺，大幅减少租金支出。由于网店的线上宣传推广，即使线下店铺开在写字楼内仍然可以吸引客户上门体验。随着钻石小鸟影响力的扩大，其线下体验中心已经达到15家，遍布国内大中城市，方便客户就近体验，并于2015年在上海开了空间约2000平方米的亚洲最大钻石珠宝体验中心。

③ 上游直采强化供应链

"鼠标加水泥"模式获得成功之后，钻石小鸟为了强化其供应链、巩固其竞争优势，在世界钻石交易中心——比利时安特卫普设立了采购办事处。由于其采购量较大，国内的竞争对手很难在采购环节上获得比其更有优势的价格，钻石小鸟由此进一步强化了国内钻石电商的领先地位。

（3）小米

北京小米科技有限责任公司成立于 2010 年 4 月，是一家专注于智能产品自主研发的移动互联网公司，为著名天使投资人雷军联合多位业内精英共同创立。小米公司在短短几年内迅速成长，已成为世界第四大智能手机制造商，并成为全球未上市估值最高的公司之一（2015 年 9 月估值约 460 亿美元，列全球第二）。据美国市场研究公司 Canalys 和 Strategy Analytics 的调查显示，2015 年全年小米占中国智能手机市场份额的 15.2%，紧随其后的是华为（14.7%）和苹果（12.5%）。

① 精英团队共创业

雷军曾任金山软件 CEO，是卓越网的创始人（后出售给了亚马逊），是金山、YY、迅雷、猎豹四家公司的实际控制人，可谓创业成果丰硕、投资成绩斐然。但是即使是雷军创办小米时，也需要组建创业团队。他和每个潜在的高管和重要产品经理至少沟通 10 个小时，说服他们加盟小米，例如原谷歌中国研究院副院长林斌、原微软中国工程院开发总监黄江吉、原北京科技大学工业设计系主任刘德等受其感召，纷纷加入了小米的超豪华精英创业团队。

② 先有粉丝后客户

小米手机号称"为发烧而生"。小米在推出手机之前，先通过论坛聚集人气、积攒粉丝、收集需求，甚至让粉丝参与到手机的设计与研发中来。"专注、极致、口碑、快"是雷军本人总结的小米七字诀，而小米联合创始人黎万强则更看重粉丝的"参与感"。2011 年 9 月 5 日，小米正式开放网络预订，半天内预订超 30 万台；2011 年 12 月 18 日，小米手机第一次正式网络售卖，5 分钟内 30 万台售完。小米后来的产品销售也大都获得成功，其客户大都由其粉丝转换而来，所以称为"先有粉丝后客户"。

③ 无厂少店轻资产

轻资产又称轻资产运营模式，是指企业紧紧抓住自己的核心业务，而将非核心业务外包出去。小米至今自己不设厂，只做研发、设计和销售，为什么？因为制造在上述环节中最不赚钱。在销售环节，小米大部分的产品通过官网销售，小部分的产品通过各大平台发售，2015 年开始通过少量线下实体店铺销售。由于没有厂房、设备等重资产，也没有大量实体店铺的运营费用，小米实现了轻资产运营，以数千人的员工规模实现了数百亿元的年销售额。

扫一扫，且听作者如何讲述电商案例。

 相关链接

雷军——传奇的创业者兼投资人

1. 初期积累

1987 年，雷军考入武汉大学计算机系，仅用两年时间就修完了所有学分并完成了毕业设计，其作品曾获得湖北省大学生科技成果一等奖。在读大学的同时，雷军也开始在计算机领域里闯荡、广泛涉猎，在接下来的几年里，雷军和同事一起出版过书，设计过加密软件、杀毒软件、财务软件、CAD 软件、中文系统以及各种实用小工具等，并和王全国一起做过电路板设计，焊过电路板，甚至还干过一段时间的黑客，解密各种各样的软件，这使得雷军和各家计算机公司老板之间都成了熟人，成了武汉电子一条街甚有名气的人物。

可以说，这段经历让雷军对计算机各细分领域有了充分的认识，同时积累了大量的人脉，为以后的成功做好了铺垫。

2. 首次创业

1991 年，在大学四年级的时候，受到《硅谷之火》中创业故事的影响，雷军开始和同学王全国、李儒雄等人创办三色公司。当时的产品是一种仿制金山汉卡，可是随后出现一家规模比他们更大的公司，把他们的产品盗版了，而且这家公司可以把同类的产品做得量更大，价格也更低。三色公司度日维艰，最终不得不解散，同时也给了雷军一个合伙人不可平分股份（平分股份则无核心领导者）的教训。

这次失败的创业经历，让雷军认识到价格竞争的威力与残酷事实，这也是为何小米在推出第1版产品时，便打出了配置可以媲美于iPhone，价格却只有不到一半的理念，并深受草根人士追捧。

3. 金山软件

1992年初，雷军加盟金山公司。由于工作出色，先后出任金山公司北京开发部经理、珠海公司副总经理、北京金山软件公司总经理等职务，并于2000年年底，出任北京金山软件股份有限公司总裁。2007年12月20日下午，雷军辞去了金山CEO职务。2011年7月，金山软件董事会任命雷军出任董事长一职。

雷军从22岁进入金山，一直工作到38岁，在金山工作了整整16个年头，期间不仅完成了金山的IPO上市工作，而且这段经历，让其对公司管理、产品选择、战略分析等有了非常透彻的领悟。

4. 投资人生

离开金山软件后，雷军成为了一名天使投资人，并成立了天使投资基金——顺为基金。借助于在金山多年的从业经验，雷军的投资经历有成有败，包括卓越网、UC优视、YY多玩（欢聚时代）、拉卡拉、凡客诚品、尚品网、乐淘、可牛等20多家创新型企业。

5. 创办小米

2010年4月，雷军与林斌、周光平、刘德、黎万强、黄江吉和洪峰六人联合创办小米科技并于2011年8月公布其自有品牌手机——小米手机。如今小米公司产品包括小米手机、红米手机、红米Note、小米盒子、小米电视、小米平板、小米路由器、小米移动电源、小米随身Wi-Fi、米键等诸多数码及配件产品。

6. 开拓智能家居

小米的成功很快引来了同行的模仿，这让雷军想起了"三色"公司曾经失败的惨剧，由于无法成功寻找到有效方法规避手机领域的竞争，智能手机这片价值洼地早晚会被大家填平，再加上小米在路由器、智能TV的尝试经历，不禁让其想到了开拓智能家居这个新领域。于是，雷军就为小米定下了三大战略：第一，放弃PC这种已经高度互联网化的产品；第二，对于多被行业巨头掌控的大家电领域，能投资最好，否则就联合起来一起做；第三，对于剩余的一类就是诸多的细分智能硬件产品，比如灯、耳机、移动电源、平衡车、门锁、音响等，进行深度投资，甚至是实现控股，从而分享硬件智能化这个巨大的红利。

据公开资料，雷军担任小米、YY、猎豹、金山和迅雷五家公司的董事长（后4家为上市公司）。

2.3.3 电商领域

（1）入口争夺

现在的阿里巴巴、腾讯和百度3家公司，被称为中国互联网企业三巨头，合称为 BAT，B 代表百度，A 代表阿里，T 代表腾讯。三巨头都是中国网民互联网入口级的企业，比如百度是搜索入口，阿里是购物入口，腾讯是通信入口。

如今他们三家企业的竞争主要是集中在入口的争夺上，简单地讲就是抢入口。聊天、打车、视频、外卖等，这些都有可能是网民的互联网入口。因为，只要找到网民的互联网入口，就占得了先机，贴近了用户（产品的免费使用者）；然后通过积累亿级用户，提供增值服务，培育出客户（产品的付费使用者）；最后用入口级的产品排斥竞争者获得市场优势地位，进而获取巨额利润。

比如腾讯的微信用户数量非常庞大，绝大部分用户均为免费用户，但是微信上的广告、游戏、支付等均可为微信带来巨额利润。Facebook 在 2014 年以 190 亿美元收购了 WhatsAPP（一款类似微信的移动通信产品），当时估值的主要依据是它的 4 亿用户每人每年可以给公司带来 2~3 美元的收益。照此算法，微信的价值必是数百亿美元，因为它已经成为中国用户数量最多的入口级移动通信应用软件。

（2）O2O

O2O（Online to Offline，从线上到线下；或 Offline to Online，从线下到线上），对于电商企业而言，是线上到线下；但对于传统企业而言，是线下到线上。比如 2014 年 3 月阿里入股银泰，目的之一就是希望将银泰全国门店中的品牌专柜都变成天猫入驻品牌的线下体验柜台。这样对阿里来讲，就是线上到线下；对银泰来讲，则是线下到线上。但是这种联合将造成厂家线上通过天猫销售、线下通过银泰体验，传统的品牌经销商或代理商的生存空间将大大地被挤压。

（3）F2O

F2O（Focus to Online，热点到线上或焦点到线上），即某些热点可以引发线上某些相关产品的热销。比如热播纪录片《舌尖上的中国Ⅱ》引发了"雷山鱼酱""沙蟹酱"等产品的热销。某晚，央视《舌尖上的中国Ⅱ》播出了关于"雷山鱼酱"的那期节目，某商人当晚在淘宝搜索，结果为"0"。当晚此人即组织货源上架销售，次日就在淘宝上实现了1万多元的销售额。

2012年，一部反映温州题材的电视剧《温州一家人》作为"十八大"献礼片在央视一套热播，而且成为了当年中国电视剧的收视率冠军作品。遗憾的是，当时这部剧没有植入任何广告。2015年《温州两家人》在央视二套热播，已经出现了一些植入广告。从投资角度来看，第一季收视率夺得冠军的作品，第二季收视率也不会太差，所以是值得投资的。因为它可能会引发热点、继而引发线上相关产品的热销。以美国来看，一部电影的收益，约1/3来自植入广告。国内的徐静蕾与冯小刚的许多电影作品都有大量植入广告，比如《亲密敌人》《天下无贼》等。

（4）C2B

公众对B2C（Business to Consumer，企业到消费者）较为熟悉，而对C2B（Consumer to Business，消费者到企业）则较为陌生。如果购买行为是由消费者首先发起的话，那么企业营销的精准度就会大大提高。B2C是卖家想把某些产品卖给买家，而C2B是买家告诉卖家需要购买某些产品，流程完全相反。

例如，天猫在2014年的5月8号包下了12条家电生产线，生产12款"定制小电"，5月8号开卖，首日销售非常火爆，包括九阳豆浆机、美的电饭锅等。根据消费者意愿定制生产与销售是未来电商的发展趋势之一，因为"以销定产"而非"以产定销"既符合买家个性化的需求，又符合卖家降低库存的需要。

（5）C2M

C2M（Consumer to Manufacturer，消费者到制造商）是近年来新兴的一种电商模式。青岛红领是一家主营男士西装和衬衫的服装厂，该工厂目前已经积累了1000000万亿的数据，接受消费者直接下单定制发货。一些学者认为这种模式已经达到了电商的终极状态——消费者到制造商的个性化定制，完全无任何中间渠道。青岛红领通过它的系统接单，顾客直接在网上完成自己服装的设计，通过系统下单给工厂。工厂完成产品制造后，直接发给最终消费者，没有任何中间商。而且上述服装是根据顾客的要求来生产的，颜色、款式、材料、纽扣、纹路等都完全按顾客的意愿来做。这种模式目前来看代表了未来终极的制造模式，德国和日本的某些企业也已经按照这种制造模式接单生产。

（6）生鲜电商

生鲜电商是未来电商非常热门的一个重点领域。为什么？因为"民以食为天"。目前，我国电商的第一大品类是服装，第二大品类是数码产品，这也符合我国电商品类爆发的先后次序。下一个爆发的品类比较一致的观点是生鲜电商。因为生鲜食品属于快速消费品，尽管客单价不高，但复购率极高。目前已经有喵鲜生、京东生鲜、顺风优选等巨头介入，可见这一领域已经是电商的"兵家必争之地"。

据 2015 年"中国农业生鲜电商发展论坛"上透露的消息，目前国内生鲜电商已达 4000 多家，但由于生鲜电商对供应链和物流的要求高，4000 多家中仅有 1%盈利。由于这一领域需要冷链物流、损耗控制等高度专业化操作，建议非业内创业者慎入。

扫一扫，且听作者如何讲述电商领域。

思考

1. 结合自身情况，就自己的电商创业项目进行归类，厘清项目的类型与模式、应用领域与实现路径、行业属性与资本门槛等。

2. 提出你所知道的一种电商新模式（不含本章提及内容），解释这一模式的具体含义和实际应用，最好能举出该模式的某一成功案例，并加以分析。

第3章
电商创业的方法与规律

概述　本章基于电商创业的形势与机会，提出创业者的素质要求与电商创业的SWOT分析；在创业方法方面提倡遵循网络经济的定律与特征，用互联网思维做电商。

要点

1. "大众创业、万众创新"的大好形势与"互联网+"带来的电商创业机会
2. 创业者的心理、身体和知识这3项素质，眼光、操作和组织这3项能力，电商创业的优势、劣势、机会和威胁这4项要素分析
3. 互联网时代与互联网工具
4. 用户思维、简约思维、极致思维、迭代思维、流量思维、社会化思维、大数据思维、平台思维、跨界思维这9种互联网思维
5. 得"草根"者得天下、用户参与成粉丝、用户体验重细节、大道至简求专注、用户尖叫才叫好、小处着眼微创新、精益创业快迭代、免费终究最赚钱、整合资源乃王道这9项互联网思维应用法则
6. 摩尔定律、梅特卡夫法则、马太效应、吉尔德定律这4个网络经济定律
7. 快捷性、高渗透性、自我膨胀性、边际效益递增性、外部经济性、可持续性、直接性这7种网络经济特征

引例

史上最强创业团队

从 PayPal（贝宝）走出来的创业者，可能是硅谷里最强大的一帮创业者，《财富》杂志因此把 PayPal 公司称为"PayPal 黑帮"。现在由这个"黑帮"成员创立的著名公司包括：Reid Hoffman 创建的 LinkedIn；Chad Hurley、Steve Chen 和 Jawed Karim 一起创建的 YouTube；David Sacks 成立的 Yammer；Keith Rabois 担任 COO 的 Square 公司；Elon Musk 创建的 Space X 和 Tesla；Premal Shah 担任总裁的 Kiva 公司；Max Levchin 创建的 Slide。PayPal 公司的联合创始人，同时也被称为"PayPal 黑帮"教父的 Peter Thiel，也投资了 Facebook、Palantir、Zynga 以及一大群其他创业公司。

创业能够成功，运气的作用占相当大的比重。不过，如果一群人接二连三地成功，这就足以说明这群人是十分优秀的。那么，为什么"PayPal 黑帮"会取得如此众多且如此巨大的成功呢？

（1）好的员工、好的企业文化

PayPal 拥有许多非常优秀的员工。在 Thiel 和 Levchin 成立 PayPal 之初，他们动用自己的人脉招来很多早期员工。Thiel 从斯坦福大学招人，Levchin 则从伊利诺伊大学招人。一流的员工为公司带来了更多新的一流员工。

（2）准备做大事

PayPal 创始人们拥有很广阔的视野，这种视野也鼓励了 PayPal 员工，鼓励员工拥有远大的梦想。PayPal 员工提出了在线支付的想法，Thiel 非常支持这个想法。

（3）克服挑战、坚韧不拔

PayPal 最初的商业模式是利用其用户 PayPal 账户资金的余额来赚钱。他们面临的问题包括用户常常会取光 PayPal 账户中的资金，PayPal 因此还要向信用卡公司支付 3%的费用；eBay 限制 PayPal 使用 eBay 的资源；美国境外某些犯罪组织利用偷来的信用卡号码从 PayPal 抽取资金；路易斯安那州还曾经完全禁止使用 PayPal。

（4）执行力优先

PayPal 目标远大，又面临着巨大挑战。PayPal 团队别无选择，能做的就只是执行，执行，再执行。到 1999 年 12 月，Eric M. Jackson 加入 PayPal 才 3 个月时间，PayPal 已经做了两次重大改变，一是运营平台从掌上电脑转向以网站为主，二是市场从 P2P 支付到专注于电子商务。

在 Eric Ries 提出"精益创业"概念好几年之前，PayPal 已经建立了一套产品敏捷开发的流程。通过这个流程，PayPal 在 1 个月里就能推出好几次新的产品功能。

良好的文化环境、优秀的员工、不凡的胆识，正是这些因素结合在一起，把 PayPal 打造成为一个成功创业家的孵化器。这也是为什么"PayPal 黑帮"可以超越 Google、Yahoo、Amazon 或 eBay 这些同龄企业里的员工，一直持续创造出那么多伟大公司的原因。

（注：本文根据微信公众号"创思舍"原文改写，作者为 Eric M. Jackson，编译者为 Rubin 杜国栋）

讨论

上网搜索本章引例中"PayPal 创业黑帮"成员 Reid Hoffman 创建的 LinkedIn；Elon Musk 创建的 Space X 和 Tesla；Peter Thiel 投资的 Facebook、Palantir 和 Zynga。了解上述传奇人物在互联网创业史上取得的辉煌成就并讨论他们屡获成功的原因。

3.1 电商创业的形势与机会

3.1.1 "大众创业、万众创新"的大好形势

2015 年的"两会"政府工作报告中提出推动"大众创业、万众创新"的口号。这是具有鲜明时代特征和强烈现实意义的提法，它把握发展脉动，契合国情民意，是推动我国经济行稳致远和提质增效的新引擎，是改革开放在新时期的新航标，也是全面建成小康社会和实现现代化的关键。

国务院于 2015 年 6 月下发《国务院关于大力推进大众创业万众创新若干政策措施的意见》（以下简称《意见》），要求充分认识推进大众创业、万众创新的重要意义，提出坚持深化改革、营造创业环境，坚持需求导向、释放创业活力，坚持政策协同、实现落地生根，坚持开放共享、推动模式创新的总体思路。《意见》立足全局，突出改革，强化创新，注重遵循创业创新规律，力求推动实现

资金链引导创业创新链、创业创新链支持产业链、产业链带动就业链，从而形成大众创业、万众创新蓬勃发展的生动局面。《意见》的定位可以概括为"一条主线""两个统筹"和"四个立足"。"一条主线"就是以加快政策执行传导进程为主线，确保政策措施具有系统性、可操作性和落地性。"两个统筹"就是要统筹做好已出台与新出台政策措施的衔接协同，统筹推进高端人才创业与"草根"创业。"四个立足"就是立足改革创新，体现"放"与"扶"相结合；立足加强协同联动，形成政策合力；立足创业需求导向，推动创业、创新与就业协调互动发展；立足加强执行督导，确保政策落地生根。

国家工商总局 2016 年 1 月 13 日发布的数据显示，2015 年全国新增登记企业 443.9 万户，同比增长 21.6%，平均每天新增登记企业 1.2 万户，创历史新高。紧接着，国家知识产权局在 2016 年 1 月 14 日发布了 2015 年我国发明专利授权的有关数据。2015 年，国家知识产权局共受理发明专利申请 110.2 万件，同比增长 18.7%，连续 5 年位居世界首位。该局 2015 年共授权发明专利 35.9 万件，其中国内发明专利授权 26.3 万件，比 2014 年增长了 10 万件。每万人口发明专利拥有量达到 6.3 件，发明专利年度申请受理量首次超过 100 万件。截至 2015 年年底，代表较高专利质量指标、体现专利技术和市场价值的国内（不含港澳台）有效发明专利拥有量共计 87.2 万件。

新一轮创业潮具有复合性特征，即海归创业、精英离职创业、返乡农民创业、互联网创业、大学生创业等共存发展，一起助推了本轮的创业浪潮。种种迹象表明，一个"大众创业、万众创新"的时代正向我们走来。

3.1.2 "互联网+"带来的电商创业机会

在 2012 年 11 月易观第五届移动互联网博览会上，易观国际董事长兼首席执行官于扬提出了"互联网+"的概念。这个概念也被腾讯创始人马化腾所认同，并在 2013 年的腾讯 WE 大会上提及。此后，马化腾提交给全国人大的建议中最重要的一条便是将"互联网+"上升为国家战略。2015 年 3 月"两会"政府工作报告中指出要制订"互联网+"行动计划，推动移动互联网、云计算、大数据、物联网等与现代制造业结合，促进电子商务、工业互联网和互联网金融健康发展，引导互联网企业拓展国际市场。

以互联网为代表的新兴产业成了本轮创业浪潮的主力之一，相关企业主体登记速度明显超过平均增速。以 2015 年 4 月的工商登记数据为例，信息传输、软件和信息技术服务业，文化、体育和娱乐业，教育，卫生和社会工作同比增速分别达 46.40%、56.10%、79.20%、50.90%。

《互联网周刊》评选了 2015 年第一季度的中国新互联网创业公司 300 强榜单，并对于评选的新互联网公司做了如下的定义：其一是新互联网公司的创立时间较短，以较新的面孔出现在大家眼前，此次限定于 2010 年以来所创立的公司，而且业务一定是依托于互联网展开，并且企业价值得到资本市场的认同，获得新一轮融资，这其中包括公开和未公开的；其二，是有一定的用户数量，能够达到数百万、数千万甚至亿级的用户，对于所在行业有着广泛而深刻的影响力；其三，对于大多数已经上市的公司，比如陌陌，不在本榜单的探讨范围之内，原因在于这些公司大多已经过发展沉淀，业务范围和商业模式已经趋于成型。入选公司涵盖互联网医疗、新媒体、O2O、社交媒体、电商、智能硬件等所有领域，包括今日头条、美拍/美图秀秀、万鞋云商、荣昌 e 袋洗、36 氪、人人快递等互联网新公司皆榜上有名。2015 年第一季度新互联网公司 Top30 榜单如图 3-1 所示。

（1）互联网+政务

电子政务是指运用计算机、网络和通信等现代信息技术手段，实现政府组织结构和工作流程的优化重组，超越时间、空间和部门分隔的限制，建成一个精简、高效、廉洁、公平的政府运作模式，以便全方位地向社会提供优质、规范、透明、符合国际水准的管理与服务。互联网+政务可以说是传统电子政务的转型升级版。在移动互联网日益普及的今天，尤其是随着大数据挖掘与应用技术的成熟，互联网+政务已经成为电子政务的主要发展方向之一。

2013 年初，移动互联网大潮中的微信，呈爆发式发展。尝到过"互联网政务"甜头的武汉市公安局交通管理局，又敏锐地发现了微信"点对点交流""具有强大服务功能"等特点。当年 8 月 8 日，在政府其他部门还极少使用微信服务时，武汉市公安局交通管理局抢先"吃螃蟹"，与腾讯合作开通了"武汉交警"微信服务号，并主推各种服务功能，先后推出了 18 种微信服务功能，其中的交通违法信息和图片同步推送、微信快速处理交通事故、微信缴纳罚款等多项服务功能，都属全国首创。如今，关注"武汉交警"微信的武汉司机，已经不需要一遍遍往返各个部门，或者去找特定银行的窗口交罚款了。拿出手机，绑定一个银行卡，输入一个支付密码，一切搞定。此功能一经推出，每天分流了近千笔罚款缴纳业务，罚款窗口排长队的现象不见了，真正实现了让群众"多走网路少走马路"的目标。

排名	企业	业务
1	今日头条	手机资讯阅读应用
2	人人贷	P2P信用借贷服务平台
3	APUS Group	移动互联网开发
4	车易拍	二手车拍卖交易服务
5	优集品	精品电商
6	说客英语	在线英语外教学习服务
7	云知声	语音识别及语言处理
8	自如网	品质租房网站
9	一点资讯	手机阅读应用
10	河狸家美甲	美甲预约和上门服务
11	普惠金融	在线借贷及理财
12	华云数据	云计算基础设施运营
13	悠游堂	家庭娱乐
14	宝驾租车	P2P汽车租赁服务
15	幸福9号商城	养老服务O2O平台
16	开桌/首惠时代	午餐随机优惠平台
17	唯一优品/唯伊特卖	母婴用品电商
18	极路由HiWiFi	开发智能路由器产品
19	TPO小站教育	托福雅思在线课堂
20	iHealth	移动个人保健产品
21	一块邮/巨新网络	第三方淘宝导购推广
22	上海盈创建筑	建筑3D打印
23	学习宝	K12教学辅导移动应用
24	美拍/美图秀秀	手机自拍分享社交应用
25	魔方网	手机游戏媒体
26	超级课程表	课程表及社交应用
27	万鞋云商	主打鞋业的O2O平台
28	环球佳平医疗	家庭医生服务及医疗
29	比邻	语音电话和社交应用
30	零零无限科技	机器人

图 3-1　2015 年第一季度新互联网公司 Top30 榜单

目前，约有 60 万名驾驶员关注"武汉交警"微信，约有 25 万名驾驶员将驾驶证或行驶证与之绑定，共受理各项业务超过 1.5 亿次，平均每天点击量约 30 万次，该微信号于 2014 年获得"华中政务微信亲民服务奖"。

互联网+政务尽管融入了更多的互联网元素，但仍然属于电子政务的范畴，也属于广义电子商务的一部分。由于我国目前电子政务的应用水平较低，各政府部门之间的信息共享程度不高、"信息孤岛"现象普遍，所以这一领域的创业机会日益凸显出来。

（2）**互联网+交通**

堵车是全世界大部分大中城市的通病，网络媒体也在中国屡屡评选"首堵"城市以调侃时下我国某些城市的交通拥堵状况。然而，坐在车里的人们在看不到头的长时间等待中却往往忽略了大部分私家车的低利用率和出租车的高空驶率。根据《2014 年交通运输行业发展统计公报》，我国出租车的空驶率为 30%左右。互联网+交通就是利用互联网技术改善交通出行状况，提高其智能化水平，减少浪费与污染，提高效率与利用，具体包括拼车、顺风车、专车、找车位等交通行为。

2015 年 10 月 8 日，上海市交通委正式宣布向滴滴快的专车平台颁发网络约租车平台经营资格许可。这是国内第一张专车平台的资质许可，滴滴快的也成为第一家获得网络约租车平台资质的公司。

用智慧的方式减少碳排放，打车软件公司主动扛起了环保大旗。数据显示，通过使用打车软件，全国 150 万辆出租车每年可减少碳排放共计 729 万吨。出租车空驶率正是抗击雾霾与打车软件之间的一个关键词。公开资料表明，目前北京出租车日均行驶里程约为 450 千米/辆，空驶率达到 40%左右。随着滴滴、快的等打车软件的出现，乘客与司机之间信息匹配变得更为高效，出租车的空驶率明显下降。

按照著名经济学家郎咸平的观点，创业创新的根本特征在于"提高效率、降低成本"，从而实现"创造价值"。因此，类似滴滴快的这种整合社会资源提高效率、降低成本的创业项目，自然可以在为社会创造价值的同时获得企业创业创新的经济回报。

（3）**互联网+教育**

新东方教育集团合伙人、一起作业网董事长王强认为，互联网+教育会生成智慧教育。著名经济学家汤敏曾有这样一个设想：如果哈佛大学和斯坦福大学的课程被大部分印度年轻人掌握了，10 年后几千万甚至上亿的印度年轻人都是哈佛或斯坦福毕业的。而中国的青年人才还是传统教育教出来的，怎么跟人家竞争？互联网+教育是指利用互联网的连接、共享、互动等功能，将优质的教育资源整合起来，以更低的成本实现更广范围的传播，产生更大的价值。

沪江网诞生于 2001 年，历经 5 年公益化运营后，自 2006 年开始公司化运营，现已成为拥有 700 名全职员工、2000 名兼职员工，影响力辐射 2 亿学习者、7000 万注册用户、300 万学员的大型互联网教育企业，在行业中居于龙头地位，也是上海市较早获得由国家教育部直接颁发现代远程教育资质的互联网教育企业。

沪江网作为全国较大的互联网学习平台，专注于提供专业、高效的互联网学习服务。旗下业务包括教育门户网站、网络 SNS 社区、教育电商平台以及国内首创的在线互动教学平台沪江网校等。学习内容涵盖 10 多种语言，包括中小学教育、亲子启蒙、职场技能、艺术兴趣等，产品覆盖电脑端、平板端、手机端及电视端，为 3 岁到 70 岁各年龄段人群提供全方位的学习服务。沪江网校设有 1000 多门精品课程，截至 2015 年，已有 3175 万小时学员上课总时长。

在北上广深等一线城市，参与培训的学员花在往返集中培训场地的时间成本不容小觑，同时培训机构租用或购置培训场地的经济成本也较为高昂。通过互联网进行教育培训，极大程度地节省了上述成本，所以也就有了广阔的发展空间。

（4）互联网+医疗

"互联网+"热风劲吹，传统医疗行业也站到了风口上。借助互联网连接、智能的特性，移动互联网医院、互联网医疗软件层出不穷，并因其随时随地可使用，能够解决挂号、咨询等就医难题，受到人们的欢迎。互联网+医疗是指利用互联网重塑医患之间的连接与服务关系，减少两者之间的信息不对称和时空距离，降低医疗服务成本的新型医疗手段。

春雨医生（原名春雨掌上医生）创立于 2011 年 7 月，历经 4 年的时间，截止到 2015 年 7 月份春雨医生已拥有 6500 万用户、20 万注册医生和 7000 万条健康数据，每天有 11 万个健康问题在春雨医生上得到解答，是世界上较大的移动医患交流平台。

对于医生而言，春雨医生可以帮助医生将碎片时间利用起来，让医生以便捷的互联网沟通方式增加收入，树立个人品牌，积累患者，为个人执业做准备；可以在医患多向互动之外加大数据系统辅助，降低误诊率；可以打破医院界限，进行学术互动，提高医生整体的诊疗水平。对于患者而言，患者可以随时随地进行快捷问诊，降低时间、空间以及金钱成本；可以预防过度医疗，让小病不大治、大病不耽误，而远程会诊和多方意见使得患者对病患知情权得到大幅度提升。

对于一、二线城市稀缺医疗资源的获取本是三、四线城市患者"可望而不可及"的向往，通过"互联网+医疗"的实践，使得这种获取的可能性大大提高，也使得该领域充满了市场空间。

"互联网+"还有无限可能，尤其是随着移动互联网的日益普及，为电商创业者提供了大量的创业机会。

3.2 创业者的素质要求与电商创业的SWOT分析

3.2.1 创业者的素质要求

大众创业、万众创新，已然成为这个时代的一种潮流。然而，必须清醒地意识到创业是极具风险性和挑战性的活动，而且往往与不断创新联系在一起，因为唯有不断创新才能提高创业的成功率。据不完全统计，全世界范围内创业成功的概率低于 5%。因此在开始创业之前，必须深思熟虑、综合各方面的因素做出决定。

（1）创业者的基本素质

① 心理素质

创业者的心理条件，包括自我意识、性格、气质、情感等心理构成要素。作为创业者，自我意识特征应为自信和自主；性格应该刚强、坚韧、果断和开朗；情感应更丰富而有理性。

② 身体素质

创业与经营是艰苦而复杂的，创业者工作繁忙、时间长、压力大。如果身体素质不好，必然力不从心，难以承受创业重任。

③ 知识素质

创业者要进行创造性思维，要做出正确的决策，必须掌握广博的知识，具有"一专多能"的知识结构。"一专"指的是对自己的创业行业深度了解、高度专注；"多能"指的是具备多方面的创业技能可以为自己创业所用。具体来说，创业者应具有以下几个方面的知识：用足、用活政策，依法行事，用法律维护自己的合法权益；了解科学的经营管理知识和方法，提高管理水平；掌握与本行业本企业相关的科技知识，依靠科技增强核心竞争力；具备市场经济方面的知识，如财务会计、市场营销、企业管理等。

（2）创业者的能力要求

创业是一个漫长的过程，成功的创业者需要具备 3 项基本能力：第一，有敏锐眼光，能看到大多数人看不到的商机；第二，有操作能力，能把看到的机遇变成商业价值；第三，有组织能力，能带动一批人形成团队，为了一个共同目标努力。

一个创业项目要成功，务必要保持每个重大决策的正确性；只要有一个重大的决策失误，就可能导致整个创业项目溃败。同时，创业成功和创业者的性格有很大的关系。著名经济学家熊彼特总结的企业家精神包括以下几点：要有首创精神，敢为人先；有很强的成功欲；要以苦为乐。此外，创业者还要有梦想。创业如果仅仅为了赚钱还是不够的，还要有一种宗教般的信仰，有一种牧师般的情怀，对自己所从事的创业项目充满了无限的热情和浓厚的兴趣。

 相关链接

乔布斯的传奇创业人生

（1）1976 年，21 岁的乔布斯与友人在车库里成立了苹果公司，他们的自制计算机后被追认为"苹果Ⅰ号"计算机。

（2）1977 年，乔布斯在美国第一次计算机展览会上展示了"苹果Ⅱ号"计算机样机。

（3）1980 年，苹果公司股票公开上市，乔布斯成为亿万富翁。

（4）1985 年，乔布斯被董事会从苹果公司开除。由于乔布斯的经营理念与当时大多数管理人员不同，加上 IBM 公司推出个人计算机，抢占大片市场，董事们便把这一失败归罪于他。

（5）1986 年，乔布斯收购了 Emeryville 的计算机动画效果工作室，成立独立公司皮克斯动画工作室，并领导该公司成为了众所周知的 3D 电脑动画公司，在 1995 年推出全球首部全 3D 立体动画电影《玩具总动员》。该公司在 2006 年被迪士尼收购，乔布斯也因此成为迪士尼最大个人股东。

（6）1996 年，苹果公司经营陷入困局，其市场份额也由鼎盛时期的 16% 跌到 4%。与之相对应的是乔布斯由于《玩具总动员》而名声大振，个人身价达到 10 亿美元。但是乔布斯还是在苹果公司危难之时重新回来，进行了大刀阔斧的改革，停止了不合理的研发和生产，结束了微软和苹果公司多年的专利纷争，开始研发新产品 iMac 和 OS X 操作系统。

（7）1997 年苹果推出 iMac，创新的外壳颜色及透明设计使得产品大卖，并让苹果公司度过财政危机。随后苹果公司又推出 Mac OS X 操作系统。

（8）2000 年，乔布斯领导团队先后开发出 iTunes 和 iPod，同时开始在黄金地段开设专卖店并大获成功。

（9）2007 年，苹果公司又推出自行设计的 iPhone 手机，使用 iOS 系统。

（10）2010 年，苹果第四代产品 iPhone4，引发了全世界范围的销售狂潮。此后的几代 iPhone 和 iPad 产品也获得了极大的成功。

（11）2011 年 8 月，乔布斯辞去苹果公司 CEO 职务，同年 10 月病逝。

3.2.2 电商创业的 SWOT 分析

在战略分析中，SWOT 分析算是一个众所周知的工具了，SWOT 分别代表分析项目的优势（Strengths）、劣势（Weaknesses）、机会（Opportunities）和威胁（Threats）。因此，SWOT 分析实际上是将创业各方面条件进行综合和概括，进而分析项目的优劣势、面临的机会和威胁的一种方法。

同样地，在此对电商创业项目的一些共同特性进行简要的 SWOT 分析。

（1）电商创业的优势

① 无店铺经营

大部分的电商创业均采用无店铺经营，减少了店铺租金等传统商业的大笔支出，避免了"辛辛苦苦一整年、给房东打工大半年"的尴尬与无奈。

② 低资金门槛

大部分的电商创业者均为草根创业，自有资金不多。以淘宝开店为例，最低的资金要求仅为几千块钱，适合大量草根青年作为创业起步的需要。

③ 少库存风险

大部分的电商创业均以经营有形商品为主，这类电商是将有形商品变为无形图片售卖、再通过快递实现无形图片到有形商品的还原。因此，电商比传统商业的库存压力要小，由此也降低了库存风险。

（2）电商创业的劣势

① 商品体验较差

由于电商缺乏将实物商品呈现给消费者的真实接触途径，大都凭视觉感知，无法像传统商业那样实现"视觉、听觉、触觉、嗅觉、味觉"的全面感受，在非标品领域表现得尤为明显。

② 拉新成本过高

以淘宝为例，注册卖家数量已经超过 800 万。尤其是对新店而言，要想从 800 多万家店铺中脱颖而出，拉到新客户的成本（拉新成本）不断高企，2015 年业内估计已经超过 100 元。正是因为如此，才会出现大量的"9.9 元包邮"的商品，店铺只不过是通过这种让利引流来实现拉新成本的降低。

③ 客户响应不快

大部分的电商客户均追求极速的客户响应，因为延迟几秒的响应均会导致大量潜在客户流失。比如，某些"淘品牌"都采用人工客服 1 年 365 天 24 小时轮班，即使半夜也会对顾客的咨询在第一时间做出回应，而这正是大部分缺乏资金和人手的电商创业者无法做到的。

（3）电商创业的机会

① 销售半径无限

受限于传统商业的销售半径，大部分商铺的销售范围较小。客户接触不到店铺，自然无法形成购买。但是电商通过互联网将销售半径扩大到了无限，非洲的网店店主可以将咖啡卖到欧洲家庭，这是传统商铺远远无法比拟的。

② 区域特色商品

许多特色商品的生产限于某些特定区域，但是其消费范围却不限于此。纵观成功的电商创业大都以本地特色产品作为主打，比如温州地区的第一大电商商品就是鞋类，因为鞋业是温州地区的第一大轻工产业。

③ 个性创意产品

在大部分的电商产品同质化严重、价格竞争激烈的今天，个性创意产品或许已经成为电商创业的蓝海。网络创意家居用品"阿拉神灯"是一款集无线蓝牙音箱、彩色灯、闹钟、收音机等多种功能于一体的台灯，可以通过手机蓝牙或者外置 TF 卡播放音乐，具有灯光伴随音乐节奏和音量大小变换的功能。阿拉神灯于 2014 年在全网获得了超过千万元的销售业绩。

（4）电商创业的威胁

① 行业恶性竞争

由于电商的入行门槛较低，尤其是个人网店，所以导致了大量的同行从业人员扎堆进入某些热门行业，带来了行业的恶性竞争。比如某些商品的线上价格远远低于制造成本，导致偷工减料、以次充好的现象出现，使得某些网站的正品率降低、客户信任度不高。

② 虚假交易盛行

由于大部分的网站采用按交易量等指标排名的显示顺序，使得"刷单"盛行。"刷销量""刷信誉""刷好评"等虚假交易已经成为电商的"毒药"，"不刷等死、刷了找死"，严重危害了全行业的秩序，却一时也找不到解决的对策。

③ 烧钱补贴盛行

某些财大气粗的网站在推出某些新产品或新服务时为了打压同行竞争、争取市场份额，采用烧钱补贴政策。比如滴滴和快的在争取客户时采用了现金补贴的方式，短时间内烧掉了几十亿元的资本，同时也挤垮了多家缺乏资本支持的对手。

SWOT 分析模型如图 3-2 所示。

图 3-2　SWOT 分析模型

3.3　用互联网思维做电商

3.3.1　互联网时代与互联网工具

（1）互联网时代

根据中国互联网络信息中心（CNNIC）发布的第 37 次《中国互联网络发展

状况统计报告》，截至 2015 年 12 月，我国网民规模达 6.88 亿，互联网普及率为 50.3%，我国手机网民规模达 6.20 亿。网民中使用手机上网人群的占比提升至 90.1%，手机依然是拉动网民规模增长的首要设备。

以上数据显示我国已经进入了互联网时代，随着手机、平板等移动终端上网设备的普及，移动互联网时代已经加速到来。相关具体数据如图 3-3 和图 3-4 所示。

图 3-3　中国网民规模和互联网普及率

图 3-4　中国网民规模及其占网民比例

所谓互联网时代，"互"即"互动"，"联"即"联接"，"网"即"网络"。互联网时代的前进方向就是将整个世界变成一个"任意互动、无限联接的网络共同体"。未来在此基础上，物联网还可能实现"万物互联、人物联动"的局面。

（2）互联网工具

在互联网发展的早期，人们还视其为一种提高效率、降低成本的连接工具，希望借此传递数字化信息，降低纸张的浪费和传输的成本。比如通过传真机传输信息需要用到纸张，但是借助电子邮件收发信息则完全无需借助纸张，成本更低，速度更快。因此，当年使用频率较高的词汇是"数字化""信息化"和"无纸化"等。随着互联网的普及和无纸化办公的推进，"发给我"取代了"寄给我"，电子版信息在工作中的使用频率大大超过了纸质版信息。近几年移动互联网迅猛发展，即时通信软件的应用也从 PC 端转向移动端，更是极大地放大了互联网作为通信连接工具的作用。因此，人们自然有了将互联网视为连接工具的概念，而这种工具似乎用户越来越多，速度越来越快，应用越来越广，费用越来越低（甚至完全免费）。以互联网作为主流即时通信软件的连接工具的图例如图 3-5 所示。

图 3-5　以互联网作为主流即时通信软件的连接工具图例

 相关链接

互联网的发展历程

　　Internet（译为互联网、因特网）最早起源于美国国防部高级研究计划署 DARPA（Defense Advanced Research Projects Agency）的前身 ARPAnet，该网于 1969 年投入使用。由此，ARPAnet 成为现代计算机网络诞生的标志。从 20 世纪 60 年代起，由 ARPA 提供经费，联合计算机公司和大学共同研制而发展起来的 ARPAnet 网络，最初主要是用于军事研究。ARPAnet 在技术上的另一个重大贡献是 TCP/IP 协议簇的开发和利用。作为 Internet 的早期骨干网，ARPAnet 试验并奠定了

Internet 存在和发展的基础，较好地解决了异种机网络互联的一系列理论和技术问题。

1983 年，ARPAnet 分裂为 ARPAnet 和纯军事用的 MILNET 两部分。同时，局域网和广域网的产生和蓬勃发展对 Internet 的进一步发展起了重要的作用。其中，最引人注目的是美国国家科学基金会 NSF（National Science Foundation）建立的 NSFnet（美国国家科学基金会网络）。NSF 在全美国建立了按地区划分的计算机广域网并将这些地区网络和超级计算机中心互联起来。NSFnet 于 1990 年 6 月彻底取代了 ARPAnet 而成为 Internet 的主干网。NSFnet 对 Internet 的最大贡献是使 Internet 向全社会开放，而不像以前那样仅供计算机研究人员和政府机构使用。1990 年 9 月，由 Merit、IBM 和 MCI 公司联合建立了一个非营利组织——先进网络科学公司 ANS（Advanced Network & Science Inc.）。到 1991 年年底，NSFnet 的全部主干网都与 ANS 提供的 T3 级主干网相联通。

Internet 的第二次飞跃归功于 Internet 的商业化，商业机构一踏入 Internet 这一陌生世界，很快发现了它在通信、资料检索、客户服务等方面的巨大潜力。于是世界各地的无数企业纷纷涌入 Internet，带来了 Internet 发展史上的一个新的飞跃。

3.3.2 互联网思维及其应用法则

（1）互联网思维

互联网思维，就是在（移动）互联网+、大数据、云计算等科技不断发展的背景下，对市场、用户、产品、企业价值链乃至对整个商业生态进行重新审视的思考方式。最早提出互联网思维的是百度公司的创始人李彦宏，此后许多知名企业家也都在不同场合对互联网思维进行了多种多样的解释说明，当然也有一些知名企业家对此并不认同。

综合各方观点，将互联网思维概括为以下 9 种思维方式进行逐一分析。

① 用户思维

用户思维是指在价值链各个环节中都要"以用户为中心"去考虑问题。作为厂商，必须从整个价值链的各个环节，创建起"以用户为中心"的企业文化，只有深度理解用户才能生存。没有认同，就没有合同。

② 简约思维

互联网时代，信息爆炸，用户的耐心越来越不足，所以，必须在短时间内抓住用户。厂商在产品设计开发上往往不需要追求大而全，只需抓住用户的某个痛点（未被充分满足的商业需求），为其创造某些价值即可。

③ 极致思维

极致思维，就是把产品、服务和用户体验做到极致，逾越用户预期。什么叫极致？极致就是超越用户的想象。互联网时代人人即媒体，极致的产品体验会带来用户的自发口碑传播，从而扩大产品的影响力，引来新的用户购买。

④ 迭代思维

"迅速开发"是互联网产品开发的典型方法论，是一种以人为焦点、迭代、循序渐进的开发方法，允许有所不足，不停地试错，在连续迭代中完善产品。许多互联网产品均是一边开发、一边改进、一边推广，从而迅速占领市场。

⑤ 流量思维

线上的流量可以理解为线下的客流量，无人来看自然无人来买。流量意味着体量，体量意味着分量。互联网世界"人所聚处，钱必追随"，流量变现即为金钱，流量在电商中可以理解成潜在交易行为的开端。

⑥ 社会化思维

社会化商业的核心是通过互联网整合资源，企业的上下游资源都将取自外部社会而非企业内部，这将在很大程度上改变企业的运作形态。通过众筹，企业可以实现"筹钱筹智筹渠道"；通过众包，企业将从"养兵千日，用兵一时"转变为"用人不养人"。

⑦ 大数据思维

大数据思维，是指对大数据的认识，对企业资产、关键竞争要素的理解。许多互联网产品均免费提供给用户使用，其盈利点在于未来大数据挖掘产生的商业价值，比如基于用户行为特征的精准广告投放。

⑧ 平台思维

互联网的平台思维就是开放、共享、共赢的思维，平台模式最有可能成就产业巨头。全球最大的 100 家企业里，约有 60 家企业的主要收入来自平台商业模式，包括苹果、谷歌等。平台思维可以说是一种"借力来打力、合力更给力"的竞争手段。

⑨ 跨界思维

随着互联网与新科技的发展，许多产业的界限变得模糊，互联网企业的触角已经无孔不入，互联网+××更是给了后者大量的颠覆原属传统行业的机会。用一句话概括早期的淘宝便是"网上小商品集市"，而如今的淘宝已经跨界到"网上拍卖"（司法拍卖）等领域，再也无法"一言以蔽之"了。

互联网思维图解如图 3-6 所示。

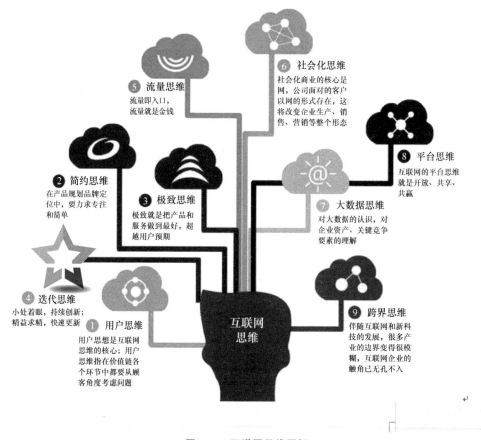

图 3-6　互联网思维图解

（2）互联网思维应用法则

互联网思维还仅仅停留在思想层次，尚未落实到方法应用层面。随着近些年利用互联网思维做电商成功案例的涌现，对它的具体应用法则也有了更多的讨论。综合各方观点,将互联网思维的应用方法概括为以下 9 种法则进行逐一分析。

① 得"草根"者得天下

成功的互联网产品多捉住了"草根"群体的需求。这是一个人人自称"矮矬穷"而骨子里以为自己是"高富帅"和"白富美"的时代。如果你的产品不能让用户成为产品的一部分,不能和他们连接在一起,你的产品注定是失败的。

QQ、微信、百度、淘宝、YY、小米等现象级产品,无一不是携海量"草根"用户,成网络巨头霸业。在掌握了海量草根用户资源的基础上,上述巨头自然可以继续研发衍生产品,巩固霸业。阿里巴巴在淘宝的基础上衍生出了支付宝,又在支付宝的基础上推出了余额宝;腾讯在微信支付的基础上推出了微众银行;百度在百度外卖的基础上推出了百度钱包。

② 用户参与成粉丝

用户如果参与到产品的研发生产中去,与产品形成了互动,就不再是单纯的用户,而正在向粉丝转变。淘品牌"七格格"每次新品上市,都会把设计的式样放到其治理的粉丝群组里,让粉丝投票,这些粉丝决定了最终的潮流趋势,自然也会为这些产品买单。

粉丝来自用户却又高于用户。品牌需要的是粉丝,而不只是用户,由于用户远没有粉丝那么忠诚。粉丝是最优质的目标消费者,一旦注入感情因素,有缺陷的产品也会被接受。未来,没有粉丝的品牌都会消亡。电影《小时代》豆瓣评分不到 5 分,但这个电影观影人群的平均年龄只有 22 岁,这些粉丝正是郭敬明(《小时代》的作者、编剧与导演)的富矿。正是由于有大量的粉丝"捧场",《小时代 1》《小时代 2》才缔造出累计超越 7 亿元的票房神话。

③ 用户体验重细节

好的用户体验应该从细节开始,并贯穿于每一个细节,能够让用户有所感知,而且这种感知要超出用户预期,给用户带来惊喜,贯穿品牌与消费者沟通的整个链条。

"三只松鼠"坚果于 2012 年 6 月在天猫上线,65 天后即成为中国网络坚果销售第一。2015 年,"三只松鼠"从单一的坚果品类扩展到零食品类,再次蝉联天猫"双十一"食品类目第一,并凭借 2.51 亿元的销售额成功突围其他高客单价类目品牌,问鼎天猫"双十一"全类目排名前列,2015 年全网销售额更是突破 25 亿元。"三只松鼠"带有品牌卡通形象的包裹、开箱器、快递大哥寄语、坚果包装袋、封口夹、垃圾袋、传递品牌理念的微杂志、卡通钥匙链、湿巾等细节都给了消费者完全不同的用户体验。

④ 大道至简求专注

大道至简，越简单的东西越容易传播却越难做。专注才有力量，才能做到极致。尤其在创业时期，做不到专注，就没有生存下去的可能。

苹果就是典型的例子。1997 年苹果接近破产，乔布斯回归，砍掉了 70% 的产品线，重点开发 4 款产品，使得苹果扭亏为盈，起死回生。纵然到了 5S，iPhone 也只有 5 款产品。

产品设计做减法，注重简约即为美。外观要简练，内在的操作流程要简化。Google 首页永远都是清新的界面，苹果手机的外观、特斯拉汽车的外观，都是这样的简约设计。

⑤ 用户尖叫才叫好

打造出让用户尖叫的产品才叫好产品。具体来讲，方法论有 3 条：第一，"需求要抓得准"（一针见血般地击中用户痛点）；第二，"自己要逼得狠"（毫无保留地做到能力极限）；第三，"治理要盯得紧"（不折不扣地执行细节到位）。小米手机正是引发了大量"米粉"的尖叫才引来了大量免费的传播群体，在短短几年内成长为国内的互联网巨头之一。

⑥ 小处着眼微创新

"微"，要从细微的用户需求入手，贴近用户心理，在用户反馈中逐步改良。厂商以为的一个不起眼的小点可能正是用户未被满足的要点。"今日头条"是一款基于数据挖掘的推荐引擎产品，它为用户推荐有价值的、个性化的信息，提供连接人与信息的新型服务，已经成为国内移动互联网领域成长最快的产品服务之一。

⑦ 精益创业快迭代

"天下武功，唯快不破"，只有快速地对消费者需求做出反应，产品才更容易贴近消费者。Zynga 游戏公司每周对游戏进行数次更新，小米 MIUI 系统坚持每周迭代，就连雕爷牛腩的菜单也是每月更新。

⑧ 免费终究最赚钱

互联网产品大多用免费政策尽可能争取用户、锁定用户。当年的 360 安全卫士，以免费杀毒软件的搅局者进入杀毒软件市场，一时间搅得市场天翻地覆，卡巴斯基、瑞星、江民、金山等收费杀毒软件最终却都败给了这个靠广告等衍生产品盈利的免费杀毒软件王者。

坚持到质变的"临界点"。大部分的互联网产品，只要日常活跃用户（Daily Active Users，DAU）数量到达一定水平，就会开始形成质变，从而带来商机或价值。有投资者曾经问马克·扎克伯格："Facebook 供用户免费使用，如何盈利？"他反问道："我有几亿用户，你问我如何盈利？"注意力经济时代，先把流量做上去，才有机会思考后面的问题，否则连生存的机会都没有。

⑨ 整合资源乃王道

如今的社会，信息越来越透明，传播越来越迅速，资源越来越分散。"要想喝牛奶，不必养奶牛！"许多资源都要借助于社会上方方面面的力量来实现，只求为我所用，不求为我所有。

InnoCentive 网站创立于 2001 年，已经成为化学和生物领域的主要研发供求网络平台。该网站初期引入"创新中央"的模式，把本公司外部的创新比例从原来 15%提高到 50%，研发能力提高了 60%。如今该网站被誉为集结了众多的全球级"最强大脑"、全球最成功的众包网站之一、世界顶级难题的讨论和解决场所、世界顶级人才的猎头场所。

3.4 网络经济的定律与特征

网络经济，一种建立在计算机网络（特别是互联网）基础之上，以现代信息技术为核心的新经济形态。它不仅是指以计算机为核心的信息技术产业的兴起和快速增长，也包括以现代计算机技术为基础的整个高新技术产业的崛起和迅猛发展，更包括由于高新技术的推广和运用所引起的传统产业、传统经济部门的深刻的革命性变化和飞跃性发展。因此，不能把网络经济理解为一种独立于传统经济之外、与传统经济完全对立的纯粹的"虚拟"经济。它实际上是一种在传统经济基础上产生的、经过以计算机为核心的现代信息技术提升的高级经济发展形态。

电子商务属于网络经济的重要组成部分，也是目前该领域中发展的最为成熟的部分。既然电子商务属于网络经济的范畴，自然其发展也要遵循网络经济的定律、符合网络经济的特征。以下就网络经济的四大定律与七大特征进行逐一分析。

3.4.1 网络经济四大定律

（1）"性能更强、价格更低"的摩尔定律（Moore's Law）

这一定律是以英特尔公司创始人之一的戈登·摩尔命名的。1965 年，摩尔预测到单片硅芯片的运算处理能力，每 18 个月就会翻一番，而与此同时，价格则减半。实践证明，50 多年来，这一预测一直比较准确。以个人计算机（PC）的中央处理器（CPU）的发展来看，基本符合上述定律。但近些年来出现了某些产品性能更新加速、价格降低减速的迹象，比如苹果手机的更新换代速度约为 1 年，但价格下降幅度则不到一半。

（2）带宽日益充裕的吉尔德定律（Gilder's Law）

美国激进的技术理论家乔治·吉尔德在 1993 年预测：在可预见的未来 25 年内，主干网的带宽将每 6 个月增加 1 倍，其增长速度超过摩尔定律预测的 CPU 增长速度。随着通信能力的不断提高，吉尔德断言网络传输价格将朝着免费的方向发展。在美国，如今已经有很多的 ISP（互联网服务提供商）向用户提供免费上网的服务。

（3）网络价值倍增的梅特卡夫法则（Metcalfe Law）

以太网的发明人鲍勃·梅特卡夫指出网络价值同网络用户数量的平方成正比（即 n 个联结能创造 n^2 的效益）。假设一个网络对于其中每个人的价值是 1 美元，那么规模为 10 倍的网络总价值约为 100 美元，而规模为 100 倍的网络总价值约为 10000 美元。按照此法则，网络经济的价值等于网络节点数的平方，这说明网络产生和带来的效益将随着网络用户的增加而呈指数形式增长。假设中国移动只有 1 个手机用户，那么该网络对该用户就几乎没有价值；但当中国移动有了数亿手机用户，那么该网络对该用户就价值非凡了。

（4）赢家通吃的马太效应（Matthews Effect）

在网络经济中，由于人们的心理反应和行为惯性，在一定条件下，优势或劣势一旦出现并达到一定程度，就会导致不断加剧而自行强化，出现"强者更强，弱者更弱"的垄断局面。马太效应反映了网络经济时代企业竞争中一个重要因素——主流化。自 2010 年初我国第一家团购网站上线以来，到 2011 年 8 月我国团购网站的数量已经超过了 5000 家，业内誉为"千团大战"。团购导航网站 800 的数据显示，2013 年排名前五的团购网站成交额达到338.1 亿元，占团购行业总成交额的 95.7%。截至 2014 年 1 月，全国团购网站的数量仅为 213 家。到了 2015

年，大部分消费者的手机里只剩下了美团、大众点评、百度糯米和窝窝团购等几家团购巨头的客户端了。2015 年 10 月，美团与大众点评宣布合并，我国团购行业的巨无霸公司出现了。

3.4.2 网络经济的七大特征

网络经济是知识经济的一种具体形态，这种新的经济形态正以极快的速度影响着社会经济与人们的生活。与传统经济相比，网络经济具有以下七大显著特征。

（1）快捷性

消除时空差距是互联网使世界发生的根本性变化之一。首先，互联网突破了传统的国家、地区界限，使整个世界紧密联系起来。在网络上，不分种族、民族、国家、职业和社会地位，人们可以自由地交流、漫游，以此来沟通信息，人们对空间的依附性大大减小。其次，互联网突破了时间的约束，使人们的信息传输、经济往来可以在更小的时间跨度上进行。网络经济可以 24 小时不间断运行，经济活动更少受到时间因素制约。再次，网络经济是一种速度型经济。现代信息网络可用光速传输信息，网络经济以接近于实时的速度收集、处理和应用信息，节奏大大加快了。因此，网络经济的发展趋势应是对市场变化发展高度灵敏的"即时经济"或"实时运作经济"。最后，网络经济从本质上讲是一种全球化经济。信息网络把整个世界变成了"地球村"，使地理距离变得无关紧要，基于网络的经济活动对空间因素的制约降低到最小限度，使整个经济的全球化进程大大加快，世界各国的相互依存性空前加强。

（2）高渗透性

迅速发展的信息技术、网络技术，具有极高的渗透性功能，使得信息服务业迅速地向第一、第二产业扩张，使三大产业之间的界限模糊，出现了第一、第二和第三产业相互融合的趋势，三大产业分类法也受到了挑战。为此，学术界提出了"第四产业"的概念，用以涵盖广义的信息产业；美国著名经济学家波拉特在 1977 年发表的《信息经济：定义和测量》中，第一次采用四分法把产业部门分为农业、工业、服务业、信息业，并把信息业按其产品或服务是否在市场上直接出售，划分为第一信息部门和第二信息部门。第一信息部门包含现在市场中生产和销售信息机械或信息服务的全部产业，诸如计算机制造、电子通信、印刷、大众传播、广告宣传、会计、教育等。第二信息部门包括公共、官方机构的大部分和私人企业中的管理部门。除此之外，非信息部门的企业在内部生产并由内部消费的各种信息服务，也属于第二信息部门。

从以上产业分类可以看出，作为网络经济的重要组成部分——信息产业已经广泛渗透到传统产业中去了。对于诸如商业、银行业、传媒业、制造业等传统产业来说，迅速利用信息技术、网络技术，实现产业内部的升级改造，以迎接网络经济带来的机遇和挑战，是一种必然选择。

不仅如此，信息技术的高渗透性还催生了一些新兴的"边缘产业"，如光学电子产业、医疗电子器械产业、航空电子产业、汽车电子产业等。以汽车电子产业为例，汽车电子装置在 20 世纪 60 年代出现，70 年代中后期发展速度明显加快，80 年代已经形成了统称汽车电子化的高技术产业。可以说，在网络信息技术的推动下，产业间的相互结合和发展新产业的速度大大提高。

（3）自我膨胀性

网络经济的自我膨胀性突出表现在上述四大定律上。摩尔定律提出了产品性能将越来越强、价格将越来越低的趋势；吉尔德定律总结了网络传输速度将越来越快、价格趋于免费的发展方向；梅特卡夫法则说明了在网络经济中是"量以大为贵"而在非传统经济中是"物以稀为贵"的常识；马太效应昭示了网络经济的市场竞争中"两极分化、弱肉强食、赢家通吃"的残酷现实。

网络经济的四大定律不仅展示了网络经济自我膨胀的规模与速度，而且揭示了其内在的规律。

（4）边际效益递增性

边际成本指的是最后增加的一单位产品的生产所增加的成本。边际效益是经济学中的一个概念，它指一个市场中的经济实体为追求利润最大化，多次进行扩大生产，每一次投资产生的效益与上一次投资产生的效益之间的差称为边际效益。边际在西方经济学中指的是最后增加的一个单位，上述两个概念分别从成本和效益角度进行分析。

边际效益随着生产规模的扩大会显现出不同的增减趋势。在工业社会物质产品生产过程中，边际效益递减是普遍规律，因为传统的生产要素——土地、资本和劳动都具有边际成本递增和边际效益递减的特征。其原因在于上述资源的稀缺性，"物以稀为贵"，稀缺必然导致成本的上升和效益的下降。与此相反，网络经济却显现出明显的边际效益递增性。

① 网络经济边际成本递减

信息网络成本主要由 3 部分构成：一是网络建设成本，二是信息传递成本，三是信息的收集、处理和制作成本。由于信息网络可以长期使用，并且其建设费用与信息传递成本与入网人数无关。所以前两部分的边际成本为零，平均成本具有明显递减的趋势。只有第三种成本与入网人数相关，即入网人数越多，所需信息收集、处理、制作的信息也就越多，这部分成本就会随之增大，但其平均成本和边际成本都呈下降趋势。因此，信息网络的平均成本随着入网人数的增加而明显递减，其边际成本则随之缓慢递减，但网络的收益却随入网人数的增加而增加；网络规模越大，总收益和边际收益就越大。

② 网络经济具有累积增值性

在网络经济中，对信息的投资不仅可以获得一般的投资报酬，还可以获得信息累积的增值报酬。这是由于一方面信息网络能够发挥特殊功能，把零散而无序的大量资料、数据、信息按照使用者的要求进行加工、处理、分析、综合，从而形成有序的高质量的信息资源，为经济决策提供科学依据。同时，信息使用具有传递效应。信息的使用会带来不断增加的报酬。举例来说，一条技术信息将能以任意的规模在生产中加以运用。这就是说，在信息成本几乎没有增加的情况下，信息使用规模的不断扩大可以带来不断增加的收益。这种传递效应也使网络经济呈现边际收益递增的趋势。

（5）外部经济性

一般的市场交易是买卖双方根据各自独立的决策缔结的一种契约，这种契约只对缔约双方有约束力而并不涉及或影响其他市场主体的利益。但在某些情况下，契约履行产生的后果却往往会影响到缔约双方以外的第三方（个体或群体）。这些与契约无关的却又受到影响的经济主体，可统称为外部，它们所受到的影响就被称为外部效应。契约履行所产生的外部效应可好可坏，分别称为外部经济性和外部非经济性。通常情况下，工业经济带来的主要是外部非经济性，如工业污染；而网络经济则主要表现为外部经济性。正如凯文·凯利（著名科技商业预言家）提出的"级数比加法重要"的法则一样，网络形成的是自我增强的虚拟循环。增加了成员就增加了价值，反过来又吸引更多的成员，形成螺旋型优势。"一个电话系统的总价值属于各个电话公司及其资产的内部总价值之和，属于外部更大的电话网络本身"，网络成为"特别有效的外部价值资源"。

（6）可持续性

网络经济是一种特定信息网络经济，它与信息经济有着密切关系，这种关系是特殊与一般、局部与整体的关系。从这种意义上讲，网络经济是知识经济的一种具体形态，知识、信息同样是支撑网络经济的主要资源。美国未来学家托夫勒指出，"知识已成为所有创造财富所必需的资源中最为宝贵的要素……知识正在成为一切有形资源的最终替代"，正是知识与信息的特性使网络经济具有了可持续性。信息与知识具有可分享性，这一特点与实物显然不同。一般实物商品交易完成后，出售者就失去了实物；而信息、知识交易完成后，出售信息的人并没有失去信息，而是形成出售者与购买者共享信息与知识的局面。现在，特别是在录音、录像、复制、电子计算机、网络技术迅速发展的情况下，信息的再生能力很强，这就为信息资源的共享创造了更便利的条件。更为重要的是，在知识产品的生产过程中，作为主要资源的知识与信息具有零消耗的特点，正如托夫勒指出的，"土地、劳动、原材料，或许还有资本，可以看作是有限资源，而知识实际上是不可穷尽的"，"新信息技术把产品多样化的成本推向零，并且降低了曾经是至关重要的规模经济的重要性"。规模经济在此是指通过扩大生产规模而引起经济效益增加的现象。网络经济在很大程度上能有效杜绝传统工业生产对有形资源、能源的过度消耗，造成环境污染、生态恶化等危害，实现了社会经济的可持续发展。

（7）直接性

由于网络的发展，经济组织结构趋向扁平化，处于网络节点的生产者与消费者可直接建立联系，从而降低了传统的中间商层次存在的必要性，进而显著降低了交易成本，提高了经济效益。

为解释网络经济带来的诸多传统经济理论不能解释的经济现象，著名 IT 评论家姜奇平先生提出了"直接经济"理论。他认为如果说物物交换是最原始的直接经济，那么，当今的新经济则是建立在网络上的更高层次的直接经济，从经济发展的历史来看，它是经济形态的一次回归，即农业经济（直接经济）—工业经济（迂回经济）—网络经济（直接经济）。直接经济理论主张网络经济应将工业经济中迂回曲折的各种路径重新拉直，缩短中间环节。信息网络化在发展过程中会不断突破传统流程模式，逐步完成对经济存量的重新分割和增量的重新分配，并对信息流、物流、资金流之间的关系进行历史性重构，压缩甚至取消不必要的中间环节。

思考

1. 结合自身情况，就自己的电商创业项目进行 SWOT 分析，至少在优势、劣势、机会和威胁各项下列出 3 条以上，并针对利用机会和优势，克服劣势和威胁等方面的问题提出具体的想法。

2. 假设你正在从事草根创业，采用头脑风暴法讨论开发一款符合互联网思维和网络经济定律的电商产品，讨论具体采用哪些互联网思维的应用法则，符合哪些网络经济的显著特征。

第4章
电商模式的跨界与整合

概述

本章通过多屏、跨境、社交和互联网理财4个方面的案例介绍当代电商的跨界模式；通过众筹、众包等案例分析分享经济的整合模式。

要点

1. 跨界的含义、基础、本质与应用
2. 乐视的多屏电商与海翼的跨境电商
3. 美丽说与蘑菇街的社交电商
4. 互联网理财之铜板街与挖财
5. 娱乐宝的众筹与猪八戒的众包
6. e袋洗的物流协作
7. Uber与Airbnb的整合模式

引例

乡村客运跨界电商

临近春节,黑龙江省富裕县龙安桥客运站的电商派件员赵越特别忙碌。上午10时,他已在龙安桥镇龙安桥村派送第7件商品了。赵越从客运站成立的电商服务站找到了新工作,而镇里农民的生活也因为电商物流的畅通有了新变化。

随着电子商务向农村市场的普及,打通农村物流"最后1公里"成为关键。该省以富裕县为试点,发挥乡村客运班车行政村通车率100%的优势,让密集的乡村客运网成为物流网,填补了该省农村电商物流体系的空白。

(1)乡村客运"变身"农村物流网

今年66岁的吴全江,是龙安桥村村民,也是有1年网龄的新网民。他过去买东西要去供销社,后来上小卖店。要是想买点大件物品,就需要去县里,去一趟就要折腾一天。随着网购的流行,自己也想赶点时髦,让孩子帮着上网。可是因为住在农村,网购的商品送不到家里,收货比较费劲。自从客运站成立了电商服务站,现在坐在家里就能收货了,既省心又省力。因为收货方便,村子里网购的人越来越多。

随着农村电商市场的开发,农民对网络消费认识的提高,物流量逐年增加。但购买的商品只能邮到县里,农民要自己去县里取。为解决这一难题,富裕县运管站与多家快递公司合作对接。利用现有资源,整合快递公司资源,开辟城乡物流。

富裕县通达客运站整合了9家快递公司,利用53条客运班线辐射90个村屯,客运班车在村村通的各个线路共设有100个电商网点。在发往乡村的同时,联系信息随时跟踪,货物运到村屯的电商网点,由工作人员取货送货。县、乡、村3级客运城乡物流体系已经建立,农民们足不出户就能收到网购产品。

(2)电商物流破解客运经营困局

农民网购方便了,多年来城乡客运经营的困局也得到了解决。

随着私家车的日渐普及,在旅客出行选择多元化的今天,村镇客流逐年下降。在富裕县,一个乡级客运站平均每天能卖30张票,每张票的利润是6角,一天才挣18元。从2015年开始,富裕县将现有的客运班线组成了运力网络,车辆分工到村,明确物流配送范围,在乡镇村屯建立物流送达网点,不仅带活了电商物流,也给客运企业带来了新生机。

客运城乡物流体系建立后，形成了由县级客运站、客运车主、乡镇客运站三方组成的业务结构。财务由县客运站统一管理，按月结算利润，村屯代理网点按件由乡镇客运站支付酬劳。多年来国家、省、市对乡镇客运站点的扶持，增强了其自身优势，但并不能扭转当前的经营困局。通过整合客运系统资源，开展客运城乡物流业务，把全县的快递业集中整合到客运站经营，建立统一的物流分拣中心。在车辆运力上，客运站通过57台客运班线班车，划分班车的责任区，让闲置的资源得到充分利用。客运城乡物流业务成为县、乡客运逐步扭转困难局面、增加收入的一条有效途径。

（3）互联网+交通商品买卖全国

农村电商物流网络不仅让农民买东西方便了，更为农民搭建了一条增收渠道，带火了富裕县的农产品。

据悉，富裕县与神州买买提（富裕）电子商务有限公司开展合作，利用乡镇客运站地理位置好、房屋标准高、专人运营等优势，开办乡镇农产品网络销售店，商城主要经营富裕县的农副产品。村民把腌制的酸菜、河套鸭蛋、小米等都挂到了网上，每天订单还不少。

富裕县创建了"智慧农业+农村电商+县域物流"的"富裕模式"。农村存在卖也难、买也难的问题，但是现在用"电商+农村物流"这种模式，改变了过去的生活生产方式，在家门口就能实现把自己的农产品用最好的价格，有选择性地卖向全国，同样在家门口也能实现买遍全国的目标，农民通过这种方式，增收十分见效。

据悉，黑龙江省交通运输厅联合多部门，将在2016年出台《关于协同推进我省农村物流健康发展的实施意见》，进一步提高和完善基础设施、优化组织模式、提升装备水平，加快构建覆盖县、乡、村三级农村物流网络体系，预计到2020年，基本建成"布局合理、双向高效、种类丰富、服务便利"的农村物流服务体系。

（注：本文引自2016年1月23日《黑龙江日报》相关报道）

讨论

针对上述"乡村客运跨界电商"的案例，为自己的创业设计一条另类的道路，"跨出电商做周边"，在电商衍生领域进行创业，例如电商物流、电商摄影、电商培训、电商包装等。

4.1　当代电商的跨界模式

跨界（Transboundary）是指从某一属性的事物，进入另一属性的运作。主体不变，事物属性归类变化。进入互联网经济时代，跨界更加明显、广泛。特别是在跨界营销方面，各个独立的行业主体不断融合、渗透，也创造出很多新型、发展势头强劲的经济元素。跨界可以从基础、本质和应用三方面来理解。

（1）跨界的基础

科技的发展，让人们的生活进入互联网时代，特别是移动互联网的普及，让人们有更多的信息链接。供求信息的流通得到空前的释放，需求与供应在不断地丰富、完善。

（2）跨界的本质

跨界的本质是整合，是融合。通过自身资源的某一特性与其他表面上不相干的资源进行随机的搭配应用，可相互放大资源价值，甚至可以融合出一个完整的独立个体。

（3）跨界的应用

目前跨界已渗透各个行业应用。跨界亦无界！每个行业，大到跨国公司、小到个人都在通过自己的方式，演绎不同的跨界故事。

在我国互联网发展初期，人们习惯地把企业分成两类：传统企业和互联网企业。随着电商的发展，"传统企业转型为电商"已经成为一个热门话题，21世纪"要么电子商务，要么无商可务"业已成为越来越多人的共识。近些年来伴随着电商对于传统行业渗透率的不断提高，跨界电商模式层出不穷，以下选取部分典型代表案例加以解析。

4.1.1　多屏电商之乐视

（1）媒体渠道的变化

电商运营中与用户的沟通渠道通常需要"五官"齐备，即"官网"（官方网站）、"官电"（官方客服电话）、"官信"（官方短信）、"官博"（官方微博）、"官微"（官方微信）。但是，任何产品或品牌在更广范围上的信息传播都需要借助于媒体。近年来，中国互联网用户在媒体使用上呈现出了数字化、移动化和社交化的三大趋势。

市场调研公司 eMarketer 的最新报告显示，2015 年中国用户所有媒体每天总用时为 6 小时 08 分。其中，数字媒体已达 3 小时 05 分，传统电视下降到 2 小时 40 分，收音机下降为 11 分钟，印刷媒体下降为 11 分钟（报纸下降为 10 分钟，杂志下降为 1 分钟）。2011 年至 2015 年中国成年人主要媒体日均花费时间比例具体如图 4-1 所示。

Share of average time Spent per Day with Major Media by Adults in china, 2011-2015
% of total

	2011	2012	2013	2014	2016
Digital	**35.8%**	**40.5%**	**45.4%**	**43.5%**	**50.4**
Mobile(nonvoice)	15.4%	21.0%	26.9	30.7	32.9
—Smartphone	7.3%	12.5%	16.3	18.8	20.3
—Tablet	1.7%	3.4%	6.5	8.4	9.5
—Feature phone	6.4%	5.1%	4.1	3.5	3.1
Desktop/laptop*	20.4%	19.4%	18.6	17.8	17.4
TV**	**55.5%**	**51.7%**	**47.6**	**45.1**	**43.6**
Radio**	**3.7%**	**3.6%**	**3.4**	**3.2**	**3.1**
Print**	**4.9%**	**4.3%**	**3.6**	**3.2**	**2.9**
—Newspapers	4.4%	3.9%	3.2	2.8	2.6
—Magazines	0.5%	0.5%	0.4	0.4	0.3

Note: ages 18+; time spent with each medium includes all time spent with that medium, regardless of multitasking; for example, 1 hour of multitasking on desktop/laptop while watching TV is counted as 1 hour for
TV and 1 hour for desktop/laptop; numbers may not add up to 100% due to rounding; *includes all internet activities on desktop and laptop computers;
**excludes digital
Source; eMarketer, June 2015

图 4-1　2011 年至 2015 年中国成年人主要媒体日均花费时间比例

2015 年，在 18 岁及以上中国成年人中，传统电视的渗透率达 94.8%，遥遥领先于其他媒体。但电视使用时间却呈缓慢下降趋势，这表明电视的开机比率在逐步走低。PC 端互联网用户的渗透率为 46%，智能手机用户的渗透率为 43.1%，非智能手机用户的渗透率为 42%。印刷媒体（报纸与杂志），其 2011 年至 2015 年复合年均增长率为-7.4%，其中报纸为-5.1%，杂志为-7.4%。具体数据如图 4-2 所示。

（2）乐视简介

乐视（原名乐视网），成立于 2004 年，享有国家级高新技术企业资质，致力打造基于视频产业、内容产业和智能终端的"平台+内容+终端+应用"完整生态系统，被业界称为"乐视模式"。乐视垂直产业链整合业务涵盖互联网视频、影视制作与发行、智能终端、应用市场、电子商务、互联网智能电动汽车等；旗下公司包括乐视网、乐视致新、乐视移动、乐视影业、乐视体育、乐视控股等。2014 年乐视全生态业务总收入接近 100 亿元。

Adult Major Media User penetration in China, 2011-2015

% of adult population

	2011	2012	2013	2014	2015
TV viewers	93.5%	93.8%	94.2%	94.5%	94.8%
Desktop/laptop internet users	37.5%	40.7%	43.4%	44.8%	46.0%
Smartphone users	16.6%	27.1%	34.5%	40.0%	43.1%
Feature phone users	51.2%	47.8%	45.8%	43.3%	42.0%
Print readers	34.0%	33.0%	30.0%	28.0%	26.5%
—Magazine readers	12.1%	11.4%	10.8%	10.3%	10.0%
—Newspaper reders	33.0%	32.0%	29.0%	27.0%	25.5%
Tablet users	6.3%	9.1%	16.3%	19.7%	22.3%
Radio listeners	16.7%	17.0%	17.5%	17.7%	17.8%

Note: ages 18+;
Source; eMarketer, June 2015

图 4-2　2011 年至 2015 年中国成年人主要媒体渗透率

乐视于 2010 年 8 月 12 日在中国创业板上市，是行业内全球首家 IPO 上市公司，中国 A 股最早上市的视频公司。目前乐视网影视版权库涵盖 10 万多集电视剧和 5000 多部电影，并正在加速向自制、体育、综艺、音乐、动漫等领域发力。连续 3 年获得德勤"中国高科技高成长 50 强""亚太 500 强"、2013 福布斯潜力企业榜 50 强、互联网产业百强、互联网进步最快企业奖等一系列奖项与荣誉。

（3）多屏联动做电商

乐视作为以视频起家的网站，视频内容一直是其核心竞争力，也是其电商的主要流量入口。乐视通过 PC（个人计算机）、Phone（手机）、Tablet（平板电脑）、乐视 TV 超级电视大屏、乐视影业电影大银幕所组成的多屏联动，以全类型精品内容为发力点，开展电商运营。在电商运营中，厂商与消费者产生互动至关重要。如今，屏幕已经成为厂商与消费者互动的主要通道，因为屏幕背后有内容，内容才是吸引消费者的关键。电影屏、电视屏、电脑屏、平板屏和手机屏等"多屏联动"正是乐视跨界电商最主要的渠道特色。

① 影视剧内容为王

《甄嬛传》《来自星星的你》《芈月传》等一部部热播电视剧均与乐视有关。《芈月传》一开播就创下了 12 小时全屏播放量 2.6 亿次的业绩，2015 年全网播放量突破 200 亿次，吸引了数十家品牌进行广告投放，广告收益达到数亿元。乐视自制剧《东北往事》《女人帮·妞儿》的播放量均超过了 10 亿，获得了不亚于专业电视剧的影响力。《太子妃升职记》更是成为了现象级神剧，不仅长期占据微博话题榜，而且会员播放模式使该剧为乐视带来了 50 万新会员加盟，直接收入达到 1000 万元以上。

乐视通过全网独播来实现品牌和流量的快速提升，同时依靠独播与会员战略，培养了一大批喜爱电视剧的忠实用户。据艾瑞咨询监测，乐视网在周有效浏览时间、覆盖用户数两项关键数据上，跃居长视频网站行业第一的位置。

② 体育赛事吸粉丝

乐视体育为用户提供足球、篮球、网球、高尔夫球等赛事的直播、点播和资讯的视频服务，目前正由单一的视频媒体网站向"赛事运营+内容平台+智能化+增值服务"的全产业链体育生态型公司发展。

乐视体育目前聚合了国内全网最多、最全、最好的赛事版权资源。乐视体育是国内全网唯一拥有欧洲五大足球联赛全部赛事版权的平台，还拥有众多国际顶级篮球、网球、高尔夫球赛事版权，几乎囊括了全球主要球类运动顶级赛事的全部资源。

各项顶级体育赛事一向拥有大量的铁杆粉丝。乐视从此切入，通过多屏的终端覆盖，吸引了大量的用户关注，同时也引来大量的广告客户。

③ 智能硬件

2015 年 2 月，乐视正式宣布在乐视控股旗下成立 Leie（乐意）智能科技有限公司，将研发打通智能手机、智能电视的智能硬件，构建一个基于核心内容领域，如健康、娱乐、运动、亲子、车联等的大智能产品生态圈。乐视副总裁彭钢表示乐视与其他企业本质上的不同之处在于不是简单地制造硬件，而是提供一套综合服务。无论做盒子、电视、手机、汽车、智能亲子硬件，总体的目标就是做服务。

乐视认为用户是智能硬件的核心。未来的智能硬件，一是要内容服务化，内容最终的目的是学习用户的习惯，推荐用户的所爱，好的智能设备都具备学习型人格，让设备适应用户；二是要打造专属机，依据不同用户的载体和需求进行定制，做到后台内容化的专属机。

2015 年至 2016 年，乐视两大旗舰智能硬件产品均获得了不俗的销量。2015年乐视超级电视累计销量突破 500 万台，2016 年的目标是 600 万台，计划抢占智能电视前三，甚至冲击行业第一。2016 年 2 月，乐视超级手机上市仅 245 天，销量突破 500 万台，创新晋品牌最快破 500 万台的纪录。

最令智能硬件同行恐惧的是乐视提出了"硬件负利"的概念，即乐视不仅不从硬件销售中赚钱，反而还要亏钱。那么，乐视意欲何为呢？在商言商，一切不盈利的商业模式都是伪命题。一言以蔽之，乐视可以通过"硬件负利"、内容盈利的方式最终获取利润,而任何缺乏内容盈利能力的对手就很难在这一方面与其竞争了。

④ 乐视商城

乐视商城是由乐视网控股子公司乐视 TV 所建,且由乐视 TV 自营的 B2C 电视垂直类购物网站。艾瑞咨询的数据显示,2014 年 3 月 31 日至 2014 年 4 月 6 日,乐视商城周覆盖人数达 918.1 万人,在中国前十大 B2C 电商网站中位列第 7 位。2015 年"919 乐迷节"中,乐视全生态总销售额突破 17.8 亿元,其中超级手机总销量突破 57.4 万部,超级电视总销量突破 38.2 万台,智能硬件总销量突破 120 万件。

此外,乐视通过多屏渠道发展会员,通过收取会员费获取利润。乐视付费会员总数已经超过 1220 万,2015 年前三季度收入超过 18 亿元,乐视会员已经成为乐视最重要的收入来源之一。

4.1.2 跨境电商之海翼

(1)跨境电商的兴起

以往我国的外贸出口大都是"大批量、少批次"的大额订单,通过进口商、批发商、零售商的层层分销到达国外最终消费者手中,价格往往要翻上好几倍。以往我国的外贸进口情况与此类似,国内最终消费者也因为渠道层级过多,需要支付数倍于原产地的价格才能买到同样的产品。

2008 年的全球金融危机使整个外贸形势发生了巨大的变化,"小批量、多批次"成为了外贸订单的主旋律。国内外消费者纷纷开始"海淘",无论国内消费者购买国外商品,还是国外消费者购买国内商品,跨境电商成为了一种新兴的购物渠道。

跨境电子商务是指分属不同关境的交易主体,通过电子商务平台达成交易、进行支付结算,并通过跨境物流送达商品、完成交易的一种国际商业活动。以下以跨境电商的佼佼者海翼为例,分析说明其成长之路。

(2)海翼简介

湖南海翼电子商务有限公司是一家充满活力的跨国电子商务零售及产品研发企业。公司总部坐落在湖南长沙,在深圳、美国、日本分别成立了分公司,形成"1+3"的国际化架构体系。

海翼旗下运营的"Anker"品牌,是在欧美和日本最受欢迎的消费电子品牌之一，产品包括笔记本电脑充电器、充电电池、键盘、鼠标等。市场重点目前是北美、欧洲、日本和中国，业务覆盖全球，多款产品在 Amazon、eBay 等线上市场稳居前列，而且近年来保持了高速增长。

（3）经营特色

① 用户需求驱动

Anker 以用户需求为驱动，在能源管理、新型连接设备、输入输出装置、家庭网络等领域为用户提供优质的创新产品。对于习惯线上购物的智能数码用户来说，Anker 是严谨可靠、体贴周到又不失幽默的智能生活好帮手。它崇尚硅谷精神，创新产品是 Anker 工程师偏执的追求；它专注于为最优秀的智能产品提供周边支持；它的每一个小创意，都为解决用户的实际问题，让用户体验更多便捷和乐趣。

② 自有品牌运营

海翼的创始人阳萌，毕业于北大计算机系，2003 年留学美国，2006 年进入谷歌公司，曾获谷歌最高奖 "Founder's Award"。2011 年，阳萌回国创立湖南海翼电子商务有限公司，并在全球注册了 "Anker" 品牌。Anker 是海翼的自有品牌，在各大平台销售的海翼产品均采用这一品牌，2013 年该品牌销售额突破了 1 亿元。

③ 多地优势整合

由于海翼总部所在地湖南长沙（创始人阳萌的家乡）并非消费电子产品的优势产地，所以海翼采用了多地优势整合运营的方法。美国、日本分公司瞄准业界前沿，严格按照国际标准和国外消费者喜好研发产品；深圳分公司负责整合供应链，将产品由深圳口岸出口国外市场。

海翼产品的设计研发采用欧美标准，符合了海外市场的需求；生产环节在国内完成，降低了制造成本；通过深圳口岸海运出口，降低了物流成本。

④ 海外设仓发货

当大部分的跨境电商业者还在用包裹跨境往海外寄送商品的时候，海翼与美国一家公司合作设立了海外仓库。依靠美国的仓储中心、物流网络，欧美消费者拍下一件 Anker 的产品，1～5 天就能收到货品。例如一款 Anker 的笔记本电脑电池售价约为 30 美元，而戴尔的类似产品售价要 80～100 美元。此外，加上快捷的物流和本地化的售后服务，让 Anker 的销售额直线上升。

4.1.3 社交电商之美丽说与蘑菇街

社交电子商务简单地讲就是将关注、分享、沟通、讨论、互动等社交化的元素应用于电子商务交易过程的现象。

社交电商起源于淘宝导购网站（帮助淘宝卖家推广商品获取佣金的网站，即淘宝客），美丽说、蘑菇街的日佣金收入曾高达数十万元。后来，由于这类淘宝导购网站与淘宝直通车广告业务构成了直接竞争关系，逐渐遭到了淘宝的封杀，美丽说和蘑菇街被迫转型为第三方社交电商平台。美丽说、蘑菇街转型前后导购模式对比如图 4-3 所示。

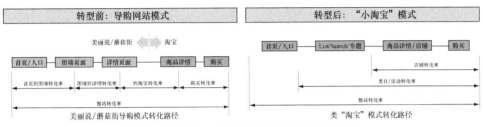

图 4-3　美丽说、蘑菇街转型前后导购模式对比

（1）美丽说

① 简介

美丽说是国内最大的女性快时尚电子商务平台，致力于为年轻时尚爱美的女性用户提供流行的时尚购物体验，拥有超过 1 亿的女性注册用户，用户年龄集中在 18 岁到 35 岁。美丽说在成立之初就开创了社交电商导购模式，几年间快速吸引了上千万年轻时尚爱美的女性用户，成为受中国年轻女性青睐的时尚风向标。

2013 年 11 月，美丽说开始建立电子商务交易平台，精选上千家优质卖家供应商，为用户提供女装、女鞋、女包、配饰、美妆等品类的优质时尚商品，成功转型为女性时尚垂直品类电商。美丽说移动客户端的用户黏性也很高，移动客户端人均单日使用时间超过 30 分钟，是年轻时尚女性的高频使用场景之一。

② 经营特色

a. 时尚分享社区

早期，美丽说是一家以女性时尚分享为主的社交社区，在这个垂直的时尚领域中，爱好时尚的人可以聚在一起分享包括服饰、美容等时尚话题的内容，并评论相关商品。而商品的链接来自外部的电商网站（以淘宝为主），社区自身通过展示广告、点击购买分成取得收入。

b. 时尚发现购物平台

后期，美丽说转型为第三方社交电商平台，吸引商家来此入驻、消费者来此购买。它将具有相同兴趣和爱好的人聚集在一起，这些有共同爱好的人相互之间可以分享经验、推荐商品。平台在为用户提供讨论场所的同时，也为商家找到了精准用户。从商业模式的角度来说，这是一种链条非常短、非常高效的商业模式。

美丽说经营特色的关键在于通过兴趣社交购物，集聚消费者和商家形成交易，并从中盈利。

（2）蘑菇街

① 简介

蘑菇街是专注于时尚女性消费者的电子商务网站，为年轻女性提供衣服、鞋子、箱包、配饰和美妆等多领域适合的商品，蘑菇街 APP（第三方应用程序）也成为时尚女性购买和互相分享的必备工具。

蘑菇街从导购平台转型为社交电商平台后仅仅两个月，就实现了单月 1.2 亿元的交易额。2014 年 3 月交易额突破 2 亿元，截至 2014 年 5 月底，蘑菇街的注册用户数已经突破 8000 万。

② 经营特色

a．潮流导购社区

早期，蘑菇街可以说是以"购物"为主题的社区，但蘑菇街本身并不向用户售卖物品，只是一家导购网站。用户在蘑菇街上逛，发现心仪物品时，再链接到购物网站——淘宝、当当、京东、凡客等网站进行购买。蘑菇街的社区编辑和时尚杂志的编辑一样，他们的责任是创造并引导"潮流"。

b．达人买手购物平台

后期，有一群活跃在蘑菇街上的"时尚意见领袖"被称为蘑菇街达人，他们都是社区的生动用户，根据"达人"在各种领域的专长分为"搭配达人""晒货达人"和"美妆达人"等。其中一些核心达人的粉丝已经达到了几十万，"被喜欢次数"也超过了上万次。这些达人的穿衣打扮成为了其粉丝群体的模仿对象，由此制造时尚、形成潮流、促成平台内的交易。

蘑菇街经营特色的关键在于通过引领潮流购物，集聚消费者和商家形成交易，并从中盈利。

（3）美丽说与蘑菇街合并

2016 年 1 月 11 日，蘑菇街与美丽说宣布合并，原蘑菇街创始人兼 CEO 陈琪出任新公司 CEO。美丽说与蘑菇街这对社交电商的"双生姐妹花"终于成为一家。

其转型前后盈利模式对比如图 4-4 所示。

转型前	盈利模式	转型后	盈利模式
美丽说	佣金收入 • CPS (Cost Per Sale, 即按照成交金额收取佣金的一种方式)：佣金率5%～6%，由淘宝支付 广告收入 • CPC (Cost Per Click, 即按照点击次数来收费)	美丽说	佣金收入 • CPS (Cost Per Sale, 即按照成交金额收取佣金的一种方式)：佣金率5%～6%，由商家支付 广告收入 • CPC (Cost Per Click, 即按照点击次数来收费) • CPT (Cost Per time period)：按照广告在展示区播放的时间来收取广告费
蘑菇街	佣金收入 • CPS (Cost Per Sale, 即按照成交金额收取佣金的一种方式)：佣金率3%～5%，由淘宝支付 广告收入 • CPC (Cost Per Click, 即按照点击次数来收费)：0.03～0.05元/点击，由商家支付 • 达人广告费 (网站意见领袖的广告费)：1000元/条	蘑菇街	佣金收入 • CPS (Cost Per Sale, 即按照成交金额收取佣金的一种方式)：佣金率3%～5%，由商家支付 广告收入 • CPC (Cost Per Click, 即按照点击次数来收费) • CPT (Cost Per time period)：按照广告在展示区播放的时间来收取广告费

图 4-4 美丽说、蘑菇街转型前后盈利模式对比

4.1.4 互联网理财之铜板街与挖财

互联网金融是指传统金融机构与互联网企业利用互联网技术和信息通信技术实现资金融通、支付、投资和信息中介服务的新型金融业务模式。互联网金融不是互联网和金融业的简单结合，而是在实现安全、移动等网络技术水平上，被用户熟悉和接受 (尤其是对电子商务的接受) 后，自然而然地为适应新的需求而产生的新模式及新业务，是传统金融行业与互联网精神相结合的新兴领域。

近些年来，互联网理财作为互联网金融的一个具体应用，获得了迅猛发展。互联网理财是指投资者通过互联网获取商家提供的理财服务和金融资讯，根据外界条件的变化不断调整其剩余资产的存在形态，以实现个人或家庭资产收益最大化的一系列活动。以下选取两个典型案例加以分析。

（1）铜板街

① 简介

在持续通胀和大众投资渠道普遍缺失的背景下，中国首家综合理财平台——铜板街于 2012 年创立。铜板街是国内领先的互联网金融服务提供商，倡导运用互联网的方法论和先进的技术创新传统金融的业务模式。铜板街平台主要面对理财用户，为用户提供合理化的资产配置服务，帮助用户实现财富的保值增值。截至 2015 年 12 月，铜板街平台已经拥有超过 700 万的用户规模，超过 600 亿元的投资规模，平台规模远远领先于众多互联网金融公司。

② 经营特色

a. 严密风控，保证投资人资产安全

铜板街高度专注风险控制，基于多年实践和摸索，建立完善的六层风险控制

体系，运营层面账户资金安全由中信银行与中国人保共同保障，保证投资人的资产安全。

b. 严格甄选，推出多元化优质产品

铜板街为用户精选和推荐的理财产品皆为零风险产品或低风险产品，选择供应链资产、汽车金融资产、银行票据资产、零售信用贷款资产等资产来源，提供更多产品选择，打造多元化综合理财交易平台。

c. 流程简便，优化用户操作体验

铜板街一改其他金融机构烦琐的开户、签约、购买、赎回等流程，在保障资金安全的前提下，将所有步骤精简，让一个普通用户从打开客户端到完成购买理财产品的流程缩短到 1 分钟左右。同时，用户在应用内可以随时查看个人资产和最新收益情况，真正做到轻松理财。

d. 降低门槛，普惠大众金融理财

相比于银行理财产品动辄 5 万元的起购金额，铜板街将理财产品的最低购买额降到 1 元，让许多由于资金达不到银行理财产品门槛，无法享受金融理财服务的百姓，都得以让自己的资产保值、增值。

（2）挖财

① 简介

挖财诞生于 2009 年 6 月，是国内最早的个人记账理财平台，专注于帮助用户实现个人资产管理的便利化、个人记账理财的移动化、个人财务数据管理的云端化。现有服务包括手机端和 Web 端，主要产品有"挖财记账理财""挖财信用卡管家""挖财钱管家"等 APP，以及国内最活跃的个人理财社区"挖财社区"。"挖财"系列 APP 目前已有超过 1 亿的海内外用户，交易规模达 200 亿元以上。用户涵盖都市白领、大学生、公务员、中小企业主等阶层；除了我国境内，用户还分布于美国、加拿大、澳大利亚等华人分布较多的国家和地区。

② 经营特色

a. 社区引流，理财话题聚人气

挖财社区是挖财旗下的理财论坛，设有理财学院、创富沙龙、投资会所、财友客栈、挖财会客厅等版块，供网友交流理财信息。该社区已经成为国内最活跃的个人理财社区，为挖财产品的推广引来了流量，集聚了人气，培育了大量的潜在客户。

b. 免费记账，获取数据推理财

挖财系列 APP 为用户提供免费记账服务，而且每晚推送类似"晚上不记账、早上忘光光"等调侃式提醒，与用户形成互动。许多用户因此养成了记账习惯，每日将自己的收支情况记账上传。由此，挖财就掌握了用户的资产数据，可以向潜在用户推送理财信息，大大提高了用户至客户的转换率。

c. 严格风控，提供本息安全保障

挖财承诺项目审核上采用三重十道严格审核：仅有约 2% 的项目可以通过上线销售；本息采用四重保障：优质项目 100% 兑付、合作机构足额备付金、担保机构本息担保、挖财风险备付金；资金安全制度上采用三重保险：交易资金由招商银行全面托管、资金安全由阳光财险全额承保、理财资金同卡进出。这些措施使得挖财产品到期还本付息至今无一逾期，在用户群中形成了良好的口碑。

d. 综合测评，已成理财 APP 第一

根据艾瑞咨询发布的《2014 年中国生活理财移动 APP 行业研究报告》，2014 年 6 月，60.5% 的用户使用来自于挖财、随手记、51 信用卡管家、百度理财、盈盈理财和铜板街这六款核心的 APP，而其余的 55 款 APP 总共贡献了 39.5% 的使用次数。根据上述报告，挖财已成我国理财 APP 综合测评的第一名。

中国生活理财移动 APP 功能主要可分为信息服务功能与金融服务功能两大类，核心 APP 服务能力分布如图 4-5 所示，综合测评如图 4-6 所示。

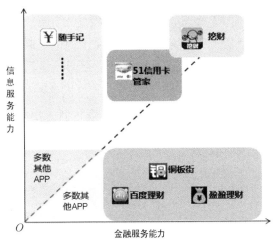

图 4-5　中国生活理财移动核心 APP 服务能力分布图

评价维度	挖财	随手记	铜板街	51信用卡管家	百度理财	盈盈理财
用户规模	4.5	5.0	3.3	3.7	3.5	3.3
权重：25%	1.1	1.3	0.8	0.9	0.9	0.8
用户黏性	4.5	4.4	4.3	3.8	3.0	2.8
权重：25%	1.1	1.1	1.1	1.0	0.8	0.7
产品功能	4.3	3.8	3.5	4.1	3.2	3.5
权重：20%	0.9	0.8	0.7	0.8	0.6	0.7
产品复合增长	3.3	3.2	4.7	3.3	5.0	4.2
权重：20%	0.7	0.6	0.9	0.7	1.0	0.8
用户满意度	4.0	3.9	4.0	3.9	4.1	4.0
权重：10%	0.4	0.4	0.4	0.4	0.4	0.4
总分	4.2	4.1	4.0	3.8	3.7	3.5

图 4-6　中国生活理财移动核心 APP 综合测评

4.2　分享经济的整合模式

分享经济（Sharing Economy），也被称为点对点经济（Peer to Peer Economy）、共享经济、协同消费，是一个建立在人与物质资料分享基础上的社会经济生态系统。

分享经济包括不同人或组织之间对生产资料、产品、分销渠道、处于交易或消费过程中的商品和服务的分享。这个系统有多种形态，一般需要使用信息技术赋予个人、法人、非营利性组织以闲置物品或服务分享、分配和再使用的信息。一个通常的前提是，当物品的信息被分享了，这个物品对个人或组织的商业价值将会提升。便利、参与感和信任是推动分享经济发展的主要原因。

分享经济中目前最为知名的两个概念当属众筹与众包。众筹（Crowdfunding），即大众筹资或群众筹资，现指通过互联网方式发布筹款项目并募集资金。众包（Crowdsourcing）指的是一个公司或机构把过去由员工执行的工作任务，以自由自愿的形式外包给非特定大众网络的做法。众包类似中国的威客概念，但是中国提出威客概念比美国提出众包概念早了 1 年左右。

4.2.1　众筹之娱乐宝

（1）简介

娱乐宝是由阿里巴巴数字娱乐事业群联合金融机构打造的增值服务平台，用户在该平台购买保险理财产品即有机会享有娱乐权益。网民出资 100 元至 1000 元即可投资热门影视剧作品，一般产品预期年化收益率约为 7%。娱乐宝通过向消费者发售产品进行融资，所融资金最终投向阿里娱乐旗下的文化产业。

因此，娱乐宝在 2014 年上线，当年即累计投资 12 部大电影，总投资额达 3.3 亿元，投资项目整体票房近 30 亿元，接近中国当年票房的 10%。娱乐宝推出后约一年时间（2014 年 3 月至 2015 年 3 月），共有近千万网友参与，融资接近 5.6 亿元，投资了近 20 部电影，这些电影的累计票房已经超过 37 亿元。

（2）经营特色

① 海量用户基础

对于产品销售而言，娱乐宝作为阿里旗下产品，可以依附于淘宝、支付宝等渠道发售，本身具有上亿的用户基础，自然很快在网友中形成传播。同时由于娱乐宝产品的收益率高于余额宝，对追求投资回报的个人投资者具有一定的吸引力；投资金额门槛低，又进一步扩大了这一客户群体的规模。因此，娱乐宝在推出不到一年时间就已经成为全球最大的 C2B 电影投资融资平台。

② 娱乐互动参与

对导演、明星们的粉丝而言，娱乐宝为"投资人"准备的多种娱乐权益，可能更具吸引力，譬如影视剧主创见面会、电影点映会、独家授权发行的电子杂志、明星签名照、影视道具拍卖、拍摄地旅游等。可以说，娱乐宝为粉丝们打造了从投资影视剧，到关注创作动态、与明星互动玩乐，到上映购票观影，最终获得年化收益的全流程参与，提供了一种全新的娱乐生活方式。

③ 依据数据创作

对娱乐产品制作而言，娱乐宝不仅可以带来资金保障，还可以有助于征集最真实的用户声音。用户们"用钱投票"，评判对某个影视项目导演、演员、剧本的喜好程度。这些第一手的用户数据，将成为影视娱乐行业新的风向标，从投资制作环节就对内容产生影响，实现真正的"大数据创作"。

④ 免费营销推广

对于娱乐宝投资的文化产品而言，大量的"投资人"就变成了免费的"义务推广人"。以投资大电影为例，一般投资人最多在一项产品上投资 1000 元，按 7% 的回报率计算约为 70 元。为了获得上述投资回报，投资人自己通常会去购票观影，还会带上亲属或朋友同往，并不遗余力地在自己的社交圈中传播推广。因此，娱乐宝投资的影视产品就获得了大量的免费营销推广。此外，淘宝的交易数据显示，娱乐产业对于消费拉动作用非常明显，在 2014 年总共有 89.1 万人在淘宝上购买过《小时代》相关产品，主要集中在大家电、女装、自有闲置物品、箱包皮具、电影演出等品类。

4.2.2 众包之猪八戒网

（1）简介

猪八戒网创办于 2006 年，定位为文化创意产品交易平台。猪八戒网是中国领先的服务众包平台，为企业、公共机构和个人提供定制化的解决方案，将创意、智慧、技能转化为商业价值和社会价值。

根据易观国际的数据，2012 年猪八戒网占据同行业超过 80%的市场份额，国内中文网站排名约 120 位，世界排名约 800 位。2013 年猪八戒网交易额为 15 亿元，日均交易金额在为 300 万元～500 万元。目前拥有注册用户已超过 1300 万人，累计交易额超过 72 亿元，市场份额占有率超过 80%。

（2）经营特色

① 服务商品交易平台

猪八戒网不同于淘宝网，是为企业和个人提供创意服务而非实物商品的在线交易平台。在猪八戒网上买卖的商品是服务商品，属于无形商品的范畴。准确地讲，猪八戒网上的商品都是体力和智力产品，无须物流配送即可完成交易，属于完全电子商务的范畴。

② 产品种类丰富多彩

猪八戒网撮合文化创意产业的买方（多为企业）和卖方（多为文化创意人才及机构）双方的需求，让非标准、个性化的文化创意产品在网上达成交易。平台涉及领域涵盖设计、开发、营销推广、文案、建筑装修、网店服务、生活和商务服务等现代服务领域，具体如图 4-7 所示。

③ 早期商业模式

在猪八戒网注册的买方通过悬赏或雇佣形式发布需求，并把佣金汇至猪八戒网易极付账户（该公司获准建设的第三方支付工具，猪八戒网与易极付之间通过技术接口完成交易资金的流转），待投标到期后，选取文化创意服务商提交的作品或方案。而服务商（文化创意人才及机构）将义化创意作品或方案在猪八戒网出售，作品或方案被选中后，系统自动进行费用结算。猪八戒网作为第三方服务平台，将对成功的交易收取一定比例的平台服务费。早期，猪八戒网主要通过收取平台服务费盈利。

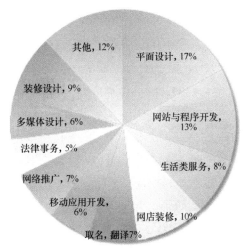

图 4-7 猪八戒网各服务领域占比图
（数据来源：商务部网站）

④ 增值服务盈利

2014 年 2 月，猪八戒网通过对自身大数据的挖掘，特别是对设计行业进行数据挖掘，发现了商机。随后成立知识产权部，负责将设计需求价值转化，在用户获得设计标识后，提供商标注册代理的增值服务。2015 年 1 月，一站式的知识产权服务平台——猪标局（现已更名为八戒知识产权）正式上线运营。它采用互联网+商标注册的新模式，为海量的中小微企业提供商标注册等知识产权服务；行业首推商标注册担保服务，注册不成功全额退款。仅仅用了半年的时间，猪八戒网就成为中国商标总局里平均单日注册量最高的注册代理公司。目前，猪八戒网每天的商标代理注册量已经达到数百件。

2015 年 6 月，猪八戒网宣布不再收取平台 20%的交易佣金（比稿、计件除外），转向以增值服务盈利为主的商业模式。

4.2.3 O2O 之 e 袋洗

（1）O2O 发展概述

O2O 一词是由美国 Trial Pay 创始人兼 CEO Alex Rampel 在 2010 年首次提出的。他认为 O2O 是"在网上寻找消费者，然后将他们带到现实的商店中，是支付模式和为店主创造客流量的一种结合"。2010 年前后，Groupon、Yelp、Opentable 等几家美国本地生活服务类 O2O 公司的快速发展似乎印证了 O2O 是一种很好的模式。但这些企业的后续发展却并非一帆风顺，为人们普遍看好的团购网站Groupon 的股票价格从上市以来累计已下跌一半以上。

尽管美国人提出了 O2O，但在业务实践中，美国的实体企业更多地采用全渠道营销的提法和做法。中美 O2O 的区别在于：美国全渠道的主导者是实体零售商，从零售商自身需求和营销角度出发；而中国 O2O 的主导者是 BAT 等大型电商公司，初衷也是从电商公司的需要出发的。例如，阿里巴巴收购高德地图、入股银泰，旗下支付宝与零售企业开展条码、声波等多种支付合作；腾讯收购大众点评网，与多家零售企业合作开展微信营销；百度以百度地图为核心，通过百度团购和百度旅游，打造平台与自营相结合的模式。

以下以我国洗衣 O2O 企业 e 袋洗为例展开分析。

（2）e 袋洗

① 简介

"e 袋洗"是荣昌（洗衣连锁企业）于 2013 年 11 月 28 日感恩节当天推出的互联网洗衣产品，将洗衣服务标准化，顾客可按袋支付清洗费用，通过移动终端预约，可享上门取送等私人洗衣服务，此款产品解决了顾客到店洗衣停车难、取送衣物交接烦琐、店面营业时间与顾客取送时间不匹配等行业痛点。据不完全统计，e 袋洗在我国 O2O 洗衣行业的市场份额已经占到了 80%以上。

② 经营特色

a. 深厚的行业经验

e 袋洗属于荣昌旗下品牌。荣昌洗衣创立于 1990 年，从家庭作坊式的经营发展成为专业从事清洁服务的连锁企业。在 2008 年，荣昌洗衣成为北京奥运指定洗衣服务商。经过二十多年的快速发展，荣昌现有"荣昌""伊尔萨"全国洗衣连锁和"珞迪"奢侈品养护三大品牌，全国连锁店规模近千家。

b. 特别的洗衣服务

区别于传统洗衣服务，e 袋洗作为一款基于移动互联网的 O2O 洗衣服务产品，具有以下特点：洗衣按袋计费（99 元按袋洗，装多少洗多少）；微信或手机APP 掌上下单，全天候上门取送；1 分钟交接，72 小时送回；洗衣全程高清视频监控跟踪。

c. 众包的物流协作

传统洗衣服务需要客户自己取送衣物，已经不适应当下社会大众的需求。e

袋洗早期通过自建物流进行衣物取送，发现自身的供应能力非常有限，全职物流队伍的发展严重受限。此后转向 90%的业务用众包模式后发现，整个物流能力大大提升，成本反而大大降低。e 袋洗以"小 e 管家"模式招募社区住户为 e 袋洗取送人员，以他们的生活区域为中心，取送周边方圆 2 千米以内用户在 e 袋洗下单的衣物。"小 e 管家"可以说是利用移动互联网对社会闲散资源的一次整合，利用闲散资源解决 e 袋洗"最后 100 米"物流问题的同时，也为社会（如社区退休大妈等群体）提供了更多就业与创业机会。

    d. 互动的营销推广

让用户参与进来，共同分享互动、分享体验，实现线上线下联动是当下营销推广的一种有效方式。e 袋洗的互动营销在地推（地面推广）的基础上尤为重视互动。比如通过新媒体如微信等推出趣味活动，每月评选"袋王传说"，记录当月"袋王"（往袋子里装最多衣物的顾客）的故事。袋王不仅可以免费洗衣，更可获得 iPad mini 等豪礼。此外，e 袋洗与用户的互动营销还包括到社区给用户送西瓜，给用户送炸鸡、啤酒，为用户研发"装衣服"游戏等。上述活动以各种形式让用户感受快乐，与用户形成了深度互动。由于活动用户都会乐于在微信朋友圈等渠道积极分享自己的佳绩，从而形成了有效的营销推广。

4.2.4　Uber 与 Airbnb

作为全球分享经济领域的杰出代表，Uber（优步）与 Airbnb（空中食宿）在 2016 年 1 月已成为全球未上市公司估值的第一位和第三位，Uber 估值为 510 亿美元，Airbnb 估值为 255 亿美元。以下就上述两个案例进行分析。

（1）Uber

① 简介

Uber（优步）是一家 2009 年创立于美国硅谷的科技公司，因旗下同名打车 APP 而名声大噪。优步于 2010 年首先在旧金山推出打车服务，此后在芝加哥、西雅图、费城、檀香山、丹佛等 20 多个美国城市提供服务，然后于 2012 年进入欧洲市场、2013 年进入亚洲市场。截至 2015 年年底，Uber 已经在全球 66 个国家的 300 多个城市提供服务。

2009 年在旧金山初创时，该公司仅可调度两辆汽车提供服务。2014 年末 Uber 的日接单数就达到了 100 万，2015 年末该数字更是增长到了每天 300 万单。在 2015 年平安夜的伦敦，Uber 更是迎来了自己的第 10 亿单生意，创造了新的里程碑。

② 经营特色

a. 打车软件鼻祖

Uber 被称为打车软件的鼻祖，它是一个按需服务的 O2O 网站，以最简单的方式使私家车司机网络化。每一个有需求的用户通过手机向 Uber 发送请求，进而购买私家车搭乘服务。网站通过 GPS 追踪定位私家车，几分钟内就会调配私家车开到用户面前提供服务。尽管在美国这种搭车服务费用比出租车要高一半，但其舒适度和快捷性却是出租车无法比拟的，因此这种服务在美国受到了欢迎并迅速发展起来。

b. 服务日益多样

2012 年 7 月 13 日，为了庆祝"国家冰淇淋月"（National Ice Cream Month），优步在 7 个城市推出了"优步冰淇淋"（Uber Ice Cream）活动。用户可使用手机应用程序招呼冰淇淋车提供冰淇淋的外送服务，费用从用户的账户扣除。2013 年 7 月 3 日起，优步开始在纽约市和汉普顿（The Hamptons）间提供实验性的直升机招呼服务，称为"Uber CHOPPER"，定价为 3000 美元。2015 年 4 月 25 号，Uber 继在美国、澳大利亚的墨尔本、印度的新德里和葡萄牙的里斯本等地开展飞机招呼服务之后，正式将此项服务带到中国。2015 年 8 月 25 日起在中国部分城市推出拼车服务。

c. 扩张封杀并存

由于 Uber 自身并不拥有运营车辆，主要调配社会闲置车辆与司机提供服务，虽然符合分享经济的"使用但不拥有"的精神，却直接冲击原有的出租车业务。因此，Uber 在全球扩张的同时也在许多城市遭到了封杀。全球各地许多城市都爆发了出租车司机抗议 Uber 抢饭碗的罢工，许多城市也因地方法规缺失一度限制 Uber 开展业务。但是 Uber 对此已经习以为常，继续一路在全球各地高速发展，并表示可能用纳税换取更大的生存空间。

d. 融资规模空前

Uber 的发展如此高速，背后离不开资本的推动，其总融资规模可能已经达到 100 亿美元，创下世界非上市公司的融资纪录。Uber 首席执行官 Travis Kalanick 表示，在竞争对手滴滴的竞争下，Uber 在中国的增长速度依然十分惊人。不过，为了吸引用户，Uber 必须扩展至新的城市，并对用户进行补贴，这将需要大量的资金。数据显示，2015 年 Uber 在美国是盈利的，但在中国运营亏损超过了 10

亿美元。2010—2015 年 Uber 融资历程如图 4-8 所示。

2010—2015年Uber融资历程

融资数	融资时间	融资规模	投资机构	估值变化
天使轮	2010 年 10 月	130 万美元	红彬资本等	N/A
A 轮	2011 年 2 月	1100 万美元	Benchmark&First Round	N/A
B 轮	2011 年 12 月	3700 万美元	贝佐斯、CrunchFund 等	N/A
C 轮	2013 年 8 月	2.58 亿美元	enchmark&Google Ventures 等	N/A
D 轮	2014 年 5 月	12 亿美元	黑石基金、KPCB&Google Ventures 等	180 亿美元
E 轮	2014 年 12 月	12 亿美元	Sequoia Capital(红杉海外)　富达　亚洲风险投资　KPCB 凯鹏华盈　Menlo Ventures　Wellington Management　TPG Growth	410 亿美元
战略投资	2014 年 12 月	6 亿美元	百度	N/A
战略投资	2015 年 3 月	2400 万美元	Times Internet	N/A

图 4-8　2010—2015 年 Uber 融资历程

（2）Airbnb

① 简介

Airbnb 是 Air bed and breakfast （气垫床加早餐）的缩写，中文意为空中食宿，音译为安彼迎。空中食宿是一家联系租客和家有空房出租房主的服务平台网站，可以为用户提供各式各样的住宿信息，网站通过收取中介费用盈利。Airbnb 成立于 2008 年 8 月，总部设在美国加州旧金山市。Airbnb 是一个旅行房屋短租网站，用户可通过网络或手机应用程序发布、搜索度假房屋租赁信息并完成在线预订程序。2015 年，平均每晚有 40 万人住在 Airbnb 提供的房间里，它已宣布成为 2016 年里约奥运会的房源提供商。Airbnb 被时代周刊称为"住房中的 eBay"。

② 经营特色

a. 客户需求切入

该公司创始团队在 2007 年发现旧金山某国际设计大会召开期间，会场附近的酒店房间预订紧张的情况。当时他们想到了一个赚钱的方法——将自己的住所打造成一个"床位+早餐"的地方，为参加该设计大会的设计师们解决食宿问题，为他们提供无线网络、小办公桌椅、床位和早餐。由于他们没有任何多余的床位，就用了气垫床代替，这就是"Air bed and breakfast"名称的由来。在大会期间，他们在自己家里共为 3 个人提供了"气垫床+早餐"的服务，在赚钱的同时还与住客建立起一段深厚的友情。此后，创始团队开始以企业形式来运作这一创业想法：客户可以像预订全世界任何一家宾馆的房间一样，预订他人家里的闲置房间。

b. 借助媒体推广

由于食宿需求的不确定性和跨区域性，Airbnb 必须跨区域经营并借助媒体推广，因为尽可能多的媒体报道，可以使企业既获得房源，又获得客源。例如，2008 年在丹佛举办的民主党全国大会（DNC）有 8 万人参加，而丹佛仅有 27000 个房间可供预订。通过当地一些博客的推广，当人们在 Google 上搜索 DNC 时，就能看到关于 Airbnb 的报道和故事。通过其他媒体的报道，在 DNC 期间，共有 80 个客户使用了 Airbnb 的房间预订服务，这在当时是个很了不起的数字。然而，Airbnb 并没有靠媒体推广一炮而红，此后发展并不顺利，曾一度靠卖麦片维持运营。

c. 当地服务溢价

最初，Airbnb 提供的是类似于沙发客（Couchsurfing）的廉价食宿服务。2009 年，设计师出身的两位创始人尝试免费为房东提供出租房间的专业拍照服务，使预订量大幅度提升。此后，Airbnb 上的房源向着本地化的、个性化的、富有人文气息的非廉价住房转型，主打有设计感的当地体验。2014 年，Airbnb 开始提供可以让游客与当地人进行提问交流，让当地人为游客提供购物、旅行指导，协助买票、租车、照顾婴儿等服务。这些都表明了 Airbnb 试图通过本地化来与传统酒店业的标准化竞争，通过为每一处民宿注入人文价值来实现更高的溢价。如今，Airbnb 的官网依照"价格实惠""居家体验""特色奇居""融入当地"将房屋分成了四类产品，其中后三种都通过一定服务手段来实现溢价。

d. 颠覆酒店行业

人们大多不愿意让陌生人住进自己家里，也不愿意住在陌生人的家里。安全、隐私等问题曾让 Airbnb 起步缓慢，市场的培育也经历了一个过程。尽管 Airbnb 不是第一家做短租的企业，但他们成功地教育了市场，培养了用户。不同于同行竞争对手的房源主要来自中介和房地产公司，Airbnb 的房源主要来自个人房东。Airbnb 等企业正在颠覆酒店行业，让出游的人们从此增加了一个不错的选择。目前，Airbnb 的 1600 多名员工管理着全球 190 多个国家的 100 多万个房间；与之相比，希尔顿酒店 2015 年的近 16 万员工管理 67 万间客房；喜达屋酒店 2014 年的 18 万左右员工管理近 35 万间客房。

Airbnb 与部分著名酒店房间数对比如图 4-9 所示。

图 4-9 Airbnb 与部分著名酒店房间数对比

思考

1. 结合上述跨界电商模式的介绍，结合自身条件，思考自己希望借助电商手段跨界的领域，并分析该领域的现有对手、潜在机会和突破方法。

2. 分享经济典型代表 Uber 和 Airbnb 实践的成功给了电商创业者无限的想象空间。既然私家车和私家房间都可以分享，那么还有什么闲置资源可以进行分享并产生经济效益呢？厨房？车位？……

CHAPTER5

第5章
电商产品的开发与营销

概述

本章通过褚橙、无甲醛棉品、三人炫、"一元玩景点"这4个案例讲述开发特色鲜明的电商产品；通过凡客体、小珍课堂、真爱月饼、龙牙战术装备这4个案例分析引发广泛传播的网络营销。

要点

1. 本来生活之褚橙
2. 大朴之无甲醛棉品
3. 酒仙网之三人炫
4. 同程旅游之"一元玩景点"
5. 凡客诚品之凡客体
6. 珍品网之小珍课堂
7. 罗辑思维之真爱月饼
8. 铁血网之龙牙战术装备

引例

简单、高效的电商营销 7 例

案例 1：倒计时广告提升当天订单 8%

为生日、节日等提供庆祝礼品方案的 Edible Arrangements（爱蒂宝）的当天配送服务其实已经存在多年，但在客户中并非众所周知。

对此，其采取的策略是：①延长当天配送服务。该团队选择了把下午 5 点作为配送最晚时间标准，以吸引那些希望在下班后或途中取订单的客户。②通过在网上使用倒计时器、广告等进行推广。③通过邮件提醒及广告，在社交媒体上以各种方式凸显，搜索引擎、网站上投放广告以不断提高客户对于"当天配送"的品牌意识。

Edible Arrangements 就是在少数渠道上简单地推广"当天配送"使得当天配送订单提升了 8%。

案例 2：购物车丢弃邮件实现 65%以上的结账转化

据国内最大邮件营销服务商，邮件与短信、微信、APP 等多渠道营销服务商 Webpower 中国区调研显示，一些消费者在购物中都会使用购物车，先寻找商品，然后再购买。同时上述消费者中常有一定比例的人员会在购买途中由于种种原因放弃购买。提供信封、卡片服务的 Envelopes.com 根据客户丢弃的主要类型，通过利用针对产品类型丢弃、购物车丢弃和结账丢弃，自动发送三种类型的邮件，减少结账丢弃 40%，提高公司净结账转化率 65%。

案例 3：建立客户信任度，增加网站自然流量 154%

内容可以帮助你与客户建立起信任和联系。作为可生物降解的狗垃圾袋的提供者，PoopBags.com 在创作友好内容的基础上建立了一个邮件营销策略，其品牌策划的邮件内容，强调环保事业、慈善事业和宠物相关的问题，增加了品牌的影响力和美誉度。零售商 Wine Enthusiast 主要利用网站评论、文章、视频内容以赢取客户信任，内容帮助其增加月度邮件订阅用户 50%，增加网站自然流量 154%。公司创造有用的信息内容以帮助客户做出购买决定或增加趣味，即使客户目前不会购买，也将其视为好的信息来源。

案例 4：重新设计在线表格增加报价 67.68%

互联网日新月异，客户期望的在线购物方式也在变化，网站需要随时为此做出改变。为企业提供自定义文件夹的 B2B 电子商务企业 Company Folders，通过改变及重新设计其以往过时的网站和不易于购买者使用的在线报价表，其总的报价量增加 67.68%。重新设计不仅仅意味着使网站变得更加好看，而且使网站功能更加便利。

案例 5：增加信任标志提高 14%销售转化

不是每个网站测试都需要很复杂，才能提供不俗的业绩。有时候，检测一个小元素可以极大地影响销售，特别是减少网站上访客的焦虑。现代钱币和金币销售电商 Modern Coin Mart 在其网站增加了醒目的信任标记（类似国内微博的加V），然后进行了 30 天的测试，导致网站交易量增加了 14%。

案例 6：小电子商务网站吸引 293000 名 Facebook 粉丝

电子商务企业在社交平台上展示产品图片和获得推荐、评论和大量免费的可分享内容。大豆蜡烛制作者 Diamond Candles 通过创造有趣的在蜡烛中寻找指环的体验，让客户在蜡烛燃烧后，找到指环并主动在 Facebook 上发布指环展示照片或视频，增加了转化率并获得超过 290000 的新粉丝。

案例 7：获得 750%的 CTR（点击到达率）增长和更高回报

wSwayChic，一家女性服装零售商，基于客户邮件打开数、购买历史和转化时间等细分它的客户，提供细分的客户邮件。运动品牌 Li-Ning 李宁通过性别、年龄范围和产品点击发送具有针对性的产品邮件。Doggyloot 则针对订阅用户的狗的尺寸发送量身定制的邮件。无论它们以哪种角度进行客户分组，在点击率和回报上都有所提升。

（注：本文引自 Webpower 中国区采自 2014 年 MarketingSherpa 电商研究案例。）

> **讨论**
>
> 　　根据上述电商营销案例，为自己的电商项目设计一些切实可行的营销策略。这些策略既要简单可行，又要行之有效。请注意与周边的电商同行进行交流，力求互相借鉴，遵循"不分享，无电商"的理念，形成"1+1>2"的效果。

5.1　开发特色鲜明的电商产品

产品（有形产品或无形产品）始终是电商能否成功的基础因素和首要条件。

褚时健（"褚橙"出品人）曾表示：好的产品，搁哪儿"爆"哪儿！垃圾产品+互联网想做"爆"是不可能的！特色鲜明的电商产品是避免同质化竞争、保持一定利润率的关键。比如近年来，"产品经理"一词在电商界日渐流行，更是进一步验证了"产品"在"电商"中的决定性作用。

产品经理（Product Manager）就是企业中专门负责产品管理的职位，产品经理负责调查并根据用户的需求，确定开发何种产品、选择何种技术和商业模式等。产品经理推动相应产品的开发组织，还要根据产品的生命周期，协调研发、营销、运营等，确定和组织实施相应的产品策略，以及其他一系列相关的产品管理活动。

同时电商在运作上不同于传统商业，具有一些明显的特点，比如"看描述、选商品"（指根据文字、图片、视频等描述选购商品）、"一图胜千文"（指 1 张图片的描述效果胜过 1000 个文字）、"一频胜千图"（指 1 个视频的描述效果胜过 1000 张图片）等。以下从电商产品经理角度选取典型代表案例就开发特色鲜明的电商产品加以解析。

5.1.1 本来生活之褚橙

（1）本来生活简介

本来生活（生鲜电商企业）2012 年于北京起航，致力于与客户共同行动，力所能及地改善中国食品安全。公司核心团队由十多位来自国内外大型网络公司、报业集团、国际零售连锁机构的中、高层管理人员组成。这是一群面对现实、但决不放弃理想的媒体人，一群偏执地追求差异化和生活品质的艺术爱好者，一群求索良心商品的超级买手，一群专业而虔诚的服务生。本来生活从国内优质食品供应基地、国外优质食品供应商中精挑细选，剔除中间环节，提供冷链配送、食材食品直送到家服务。企业经营产品包括健康安全的蔬菜水果、肉禽蛋奶、米面粮油、熟食面点等；具有深厚积淀和历史传承的优质原产地食品；拥有品质保障的进口食品等。2015 年，本来生活销售额突破 10 亿元。

本来生活的创始人喻华峰原为媒体记者出身，曾任职多家报社，2008 年任网易销售副总裁，2012 年创办本来生活网。业界称本来生活网为媒体化电商，他们像媒体编辑部一样开展业务，称负责采购的区域买手为"记者"，称运营为"编辑"，每周的产品会叫"选题会"，每个产品都需要提炼卖点，每个人都想做"封面"或"特写"。

（2）褚橙与褚时健

褚橙是云南的一种特产冰糖脐橙，因种植人"褚时健"而得名。其形状为圆形至长圆形，颜色为橙黄色。油胞凸起，果皮易剥离，无苦味，中心柱充实，汁味甜而香，含有大量维生素 C，营养价值高。褚橙如图 5-1 所示。

褚时健，曾任云南华宁糖厂厂长、红塔集团董事长，曾是著名的"中国烟草大王"。1990 年褚时健被评为全国优秀企业家，1994 年被评为全国"十大改革风云人物"。褚时健与妻子 2002 年承包荒山开始种橙。2012 年 11 月，褚时健种植的"褚橙"通过电商开始售卖，大获成功。2014 年 12 月 18 日，褚时健荣获由人民网主办的第九届人民企业社会责任奖特别致敬人物奖。褚时健被称为"影响企业家的企业家"，经营多家企业成绩卓越，集"糖王""烟王"和"橙王"于一身。

图 5-1　褚橙

（3）操盘褚橙

① 提炼卖点

2012 年，本来生活发现了褚时健种的冰糖橙之后，将其命名为"褚橙"。根据褚时健的特殊经历和褚橙的品质特点，提炼出大量的卖点，例如"24∶1 黄金甜酸比""人生总有起落、精神终可传承"等，将其打造成了"励志橙"，赋予了产品特殊的文化内涵。卖点宣传图举例如图 5-2、图 5-3、图 5-4 所示。

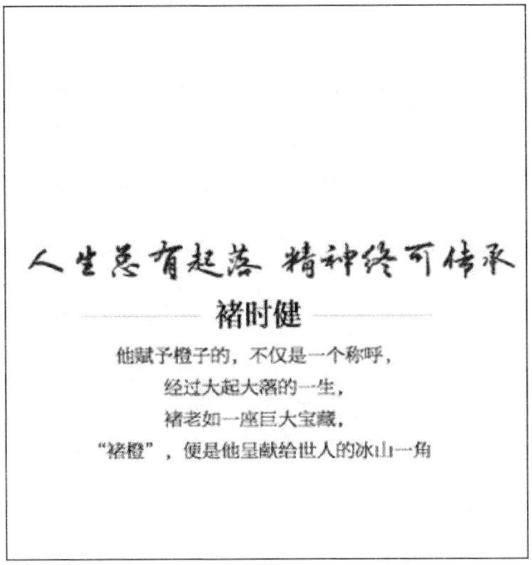

人生总有起落 精神终可传承
褚时健
他赋予橙子的，不仅是一个称呼，
经过大起大落的一生，
褚老如一座巨大宝藏，
“褚橙”，便是他呈献给世人的冰山一角

图 5-2　褚橙卖点宣传图一

褚时健，励志橙！
云冠褚橙
24:1
黄金甜酸比

图 5-3　褚橙卖点宣传图二

褚橙
人生总有起落
精神终可传承
85 年跌宕人生
75 岁再次创业
耕耘 10 载
结出 2400 亩累累硕果
和 24：1 黄金甜酸比
逆袭的喜悦
是中国人欣赏的甜

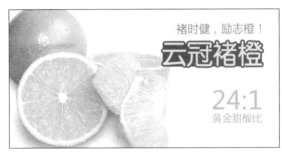

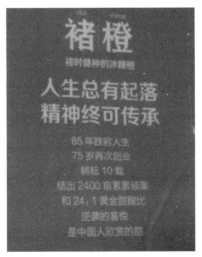

图 5-4　褚橙卖点宣传图三

② 名人关注

关于褚橙的第一篇报道《褚橙进京》，描写了 85 岁褚时健汗衫上的泥点、嫁接电商、新农业模式等内容，该媒体官方微博所发文章被转发 7000 多次。著名企业家王石（万科创始人）也进行了转发，他评价褚时健时引用了巴顿将军的语录"衡量一个人的成功标志，不是看他登到顶峰的高度，而是看他跌到低谷的反弹力"进行诠释。此微博再次引起近 4000 次转发。王石曾公开表示他最敬佩的企业家是褚时健，此次又对褚时健表达了由衷的敬意。

此外，本来生活还将褚橙免费寄给了韩寒（作家、导演、职业赛车手）等名人，部分名人将褚橙在其微博晒图展示，引发了这些名人大量粉丝的关注。《复杂世界里，一个就够了》是一本由韩寒主编的电子杂志。本来生活据此特制了包装，将褚橙赠送给韩寒，韩寒在其微博里附图回应："我觉得，送礼的时候不需要那么精准的……"此举具有较高的趣味性，以近乎可以忽略不计的成本带来了 300 万次的阅读。详情如图 5-5 所示。

图 5-5　韩寒微博中的褚橙

③ 大众共鸣

本来生活举办了邀请达人品尝励志橙的活动，开展"无任何门槛"形式的馈赠活动。活动搜集了 1000 名不同行业的 80 后创业达人进行了褚橙无偿激励赠送活动。300 名达人接受了赠送，后续带来了更多围绕褚橙的热议话题。这些话题的持续发酵，引发了社会大众对褚老的敬仰和对褚橙的关注，继而引发了褚橙的热卖。例如，某些企业甚至批量购买褚橙，作为福利发给员工。

④ 特色包装

褚橙的包装设计不同于一般的农产品包装，可以说是典型的电商产品包装。其特点有三：a. 采用横向纸箱，而不是传统的纵向纸箱，便于快递员的配送需要；b. 包装文字采用大量网络语言，迎合年轻客户的喜好；c. 包装语言紧跟热点话题，符合亲友送礼需求。特色包装如图 5-6、图 5-7、图 5-8 所示。

图 5-6　褚橙特色包装图一

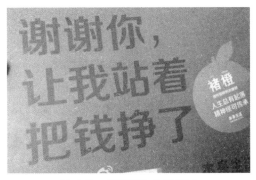

图 5-7　褚橙特色包装图二

图 5-8　褚橙特色包装图三

扫一扫，且听作者如何讲述褚橙。

5.1.2　大朴之无甲醛棉品

（1）大朴简介

大朴网由库巴网（2013 年被整合为国美在线）创始人王治全二次创业建立，于 2012 年 8 月 28 日上线。大朴是国内一家自主设计、多品类、多品牌运作、全网营销、线上线下同时推进的家纺家居用品公司，旗下已有 DAPU 和 dapubaby 两个品牌。大朴定位于安全、舒适、高质量、高性价比的"贴身纺织品"，主营产品包括床品、巾类、内衣内裤、拖鞋、收纳、婴幼、家居服、个人护理八大品类。公司致力于为注重品质生活的消费者提供安全、健康的贴身棉品，以"无甲醛棉品"为主打产品。

大朴图标（Logo）如图 5-9 所示。

图 5-9　大朴 Logo

（2）经营特色

① 安全标准

大朴以安全标准作为设计的出发点，对产品安全和舒适理念有着近乎偏执的追求。在质量要求方面，大朴倡导"无·亦所有"，即产品无甲醛、无荧光增白剂、无致癌芳香胺。大朴采用日本和欧美的安全标准来控制质量，其所有产品都必须通过两套检测方案：一套是国家 A 类标准（婴幼儿标准）安全检测，另一套是 SGS（瑞士通用公证行，世界权威检测机构之一）检测。大朴产品的各项理化指标，远远超过行业水平，让消费者放心购买和使用。大朴标准与国家标准、市面普通产品主要项目对比如表 5-1 所示。

表 5-1　大朴标准与国家标准、市面普通产品主要项目对比

项目	危害	大朴标准（SGS 检测）	国家标准	市面普通产品
甲醛含量（mg/kg）≤	刺激皮肤，可引发癌变，可使婴幼儿智力下降	未检出	允许成品甲醛含量低于 75 即可	中小厂家使用增加产品的防皱，改善手感
荧光增白剂	用于纺织品产品增白，对皮肤有刺激性	禁止使用	没有要求	大部分产品原材料添加增白剂
致癌芳香胺染料	毒性强于甲醛，无色无味，不溶于水，无法去除，致癌	禁止使用	禁止使用	中小厂家使用，价格低廉，颜色鲜亮

续表

项目	危害	大朴标准 （SGS 检测）	国家标准	市面普通产品
塑化剂	学名邻苯二甲酸，危害儿童，引发儿童性早熟	禁止使用	没有要求	普遍用于床品的软化，增加柔软度
NP 和 NPEs	用于印染过程，易感染人体内分泌系统	禁止使用	没有要求	很多知名产品在印染过程使用该化合物
富马酸二甲酯	用作纺织品防腐防霉，刺激皮肤，引发皮肤过敏	禁止使用	没有要求	常用于不合格布料的贮藏过程，防霉
有机锡化合物	用于产品印染过程，危害人体的中枢神经系统	禁止使用	没有要求	劣质产品涂料印染过程添加
pH 值	过酸过碱易诱发皮肤炎症	4.0～7.5	4.0～8.5	没有具体标准，无保障
面料起球性能	纺织品最担心起球，不仅不美观，而且影响舒适度	达到行业一等品标准	没有要求	无明确标准，起球程度很严重
色牢度/级	色牢级越高，越不易掉色	4～5 级	3 级	3 级及以下
床品针距 （针/英寸）	针距越大，缝纫密度越高	12～14	10～12	10 以下
内衣针距 （针/2cm）	针距越大，缝纫密度越高	针距 7～9	针距 7～9	没有严格规范，容易跳线

② 天然原料

在材料方面，大朴产品采用棉、麻、丝、绒等纯天然材料，最大限度地使用纯天然材料，还原最本质、最自然的舒适感。床上用品中与人体直接接触的部分不含化学纤维，材质的甲醛含量低于国家 A 级标准（婴幼儿使用），为成人标准的 1/4。以材质本身的天然颜色为基本色系，不采用夸张的色彩，杜绝了对人体有害的荧光增白剂。材质酸碱度为中性，对肌肤完全无刺激。

③ 精耕细作

大朴致力于打造全流程的掌控能力，凭借自身的专业能力，确保在每个环节上对产品品质进行有效掌控。从针织密度到甲醛测试，从原材料采集到生产控制，大朴网都对供应商进行严格管控，坚持简约设计理念，摒弃不必要的烦琐，以消费者使用感受为核心的产品功能设计，选择自然界中最常见、最让人感觉到宁静和舒适的颜色作为产品的主色系，综合运用精梳纱、丝光、烧毛等工艺，使面料更柔软舒滑，适合贴身使用。大朴采用高织高密织造工艺，最高达 1100 根，超过行业平均水平，在带来更细腻的手感的同时具有良好的透气性。织物色牢度达到国家标准的最高等级，确保经历多次水洗依旧色泽如新。成品出厂前经过预缩处理工序，确保消费者使用时的缩水率不超过 4%。产品由国际一流代工企业生产，确保消费者在家里也能享受到五星级酒店中的床品的舒适和品质。

④ 互动营销

渠道方面，大朴让粉丝参与产品设计与推广，甚至加盟开店（线下门店），巧妙地把粉丝变成了销售渠道；选品方面，由用户投票决定主推款式，有效提高了单款销量、降低了库存率；活动方面，通过举办"模特"比赛，从用户中选出产品代言人，由用户的拉票行为引来网站访问量；爆款方面，某款超高性价比的 240 根纯白床品在 2014 年"双十一"当天单品卖出了 4200 多套，创造了行业奇迹。

5.1.3　酒仙网之三人炫

（1）酒仙网简介

酒仙网是中国领先的酒类电子商务综合服务公司，主要从事国际国内知名品牌、地方畅销品牌以及进口优秀品牌等酒类商品线上零售，经营范围包括白酒、葡萄酒、保健酒、啤酒等。酒仙网总部位于北京，在上海、广州、天津、武汉、成都等地拥有子公司和运营中心。公司借助现代电子商务平台进行全品类酒类及相关消费品的销售服务，还逐步整合行业上下游资源，为酒企提供电子商务领域的综合服务。酒仙网已经和国内 500 多家酒企建立深度合作关系，与天猫、京东、苏宁易购等十余家国内知名电商平台实现深度合作。

（2）经营特色

① 小米模式做白酒

"三人炫"的创意，来自于酒仙网创始人郝鸿峰与小米联合创始人黎万强关于"酒类行业小米模式"的一次讨论。双方得出一个初步的结论，即"3 个 1"：

酒类行业小米的玩法是一款酒 1 年卖 1 亿瓶，每瓶只赚 1 元钱。而在传统酒类行业，一瓶酒最高能赚上千元，一般能赚上百元，最少也能赚几十元。而正是在这种颠覆传统行业的互联网思维指导下，我国首款互联网思维白酒产品——泸州老窖三人炫，在"誓做中国白酒行业的小米"定位中诞生。

② 三方联合做精品

三人炫由张良、郝鸿峰和许燎源 3 位酒业大咖联合打造。张良为泸州老窖集团总裁、浓香鼻祖、泸州老窖酿造技艺第 22 代传人；郝鸿峰为酒仙网董事长兼总裁，中国白酒"极致性价比"理论开创者，领导酒仙网成长为世界最大的酒类电子商务综合服务公司；许燎源为中国酒器设计第一人，现任成都大学美术学院院长、博导，代表作包括舍得系列、金剑南系列、国窖 1573 精品系列等。

三人炫由酿酒大咖张良亲手酿造，销售大咖郝鸿峰定价推介，设计大咖许燎源设计酒器，三人更是亲自为其代言。

③ 优质互补有卖点

三人炫白酒的卖点可谓有"三炫"。炫品质——在品质方面，"三人炫"由有着"四百年老窖飘香、九十载金牌不倒"美誉的泸州老窖为其背书（品质担保），可见"三人炫"秉承泸州老窖一贯优质的品质，是一款品质卓越的白酒。炫平台——在销售方面，"三人炫"在中国最大的酒类电子商务综合服务平台"酒仙网"独家预售。酒仙网一直遵循"质真价优、快速便捷"的经营理念，为消费者提供真品保证、性价比高、配送快捷等精准服务，可以充分满足消费者个性化的需求。炫艺术——在容器方面，这款酒可谓别具匠心，在造型上采用简洁大气的直筒瓶身，给人品质感；玻璃喷绘仿陶瓷的工艺运用，给人以历史感；黑色哑光肌理的处理，触感新颖的同时，给人以价值感；配合残片文字的意向表达，给人以片段感。三人炫白酒如图 5-10 所示。

④ 击穿底价成爆品

专业人士认为，三人炫的酒质确实绝佳，可以与市面上每斤 200 元的酒匹敌，传统酒企两斤装此类白酒一般定位为 400～600 元一瓶。三人炫酒质如此优良、包装如此华丽，定价成为了一大难题。酒仙网高层经过两小时的激烈争论，最终定价为 2 斤装 169 元一瓶（买一送一），相当于约 85 元一瓶。这样的定价可以说是击穿了白酒行业的底价。

2014 年 8 月 26 日，"三人炫"新品首发的前 48 小时就创造了狂卖 40 吨的销售业绩。三人炫销售量突破 100 万瓶，销售额突破 7000 万元，只用了 84 天时间，创造了白酒行业的"销售奇迹"。2015 年，这款互联网白酒销量一路飙升，一年卖出 300 万瓶，销售额超过 2 亿元，好评率高达 99%，1 个月内重复购买率高达 98%。

图 5-10　三人炫白酒

5.1.4　同程旅游之"一元玩景点"

（1）同程旅游简介

同程网络科技股份有限公司（简称同程旅游）是中国领先的休闲旅游在线服务商,由原阿里巴巴 376 号员工吴志祥先生 2004 年创立于苏州,现有员工约 5000 人。同程旅游是国家高新技术企业、商务部首批电子商务示范企业，连续三年入选"中国旅游集团 20 强"，2014 年位列第 9 名，2015 年位列第 8 名，是中国在线旅游行业三大企业集团之一。

同程旅游旗下运营同程旅游网和同程旅游手机客户端，2014 年服务人次约 3000 万，年均增长 100%；2015 年服务人次突破 1 亿，同比增长 200%。

（2）经营特色

① 景点"一元门票"热销

同程旅游在深耕旅游行业产品十余年后，推出"一元门票"，轰动了业界。以苏州乐园为例，正常的门票价格在 100 元以上，而同程在特定日期（非节假日）推出了该景点的"一元门票"，立刻引来了抢购。"一元门票"在苏州乐园实施成功之后，同程旅游又将这一模式复制到了全国许多景点，同样吸引了大量抢购。在某景点附近甚至由于游客过多，在门票使用当日造成了高速公路的拥堵。此后在此基础上，同程旅游推出"两元门票"产品，因其另外一元捐给"壹基金"（由著名影星李连杰发起成立的公益基金），被网友称为"既有实惠，又有情怀"的产品。

同程旅游官方统计显示：180 天时间，"一元门票"活动席卷全国，超过千万用户参加，同程 APP 的排名从第 16 名跃升到第 3 名，客户端订单占比从不足 5%暴涨到超过 70%。

② 整合各方资源盈利

以某景点（最大日接待能力为 1000 人）淡季日均售出 100 张门票、每张门票 100 元计算，景点的日均门票收入为 1 万元。同程旅游在淡季某日以 1 万元的价格对该景点进行包场，以销出 1000 张"一元门票"计算，则可获得 1000 元收入，尚有 9000 元的亏损。同时，同程旅游要求购票游客必须下载同程旅游 APP、使用某指定银行卡购买或使用微信支付付款方可享受"一元门票"。通过各方资源的整合，某银行卡新用户大增（开卡平均成本从 20 元降至 10 元）、同程旅游 APP 下载量激增（累计下载量超过 1 亿次）、微信支付用户暴涨（同程已成为微信官方的独家旅游产品提供商）。三方均借此活动获得大量用户，另外两方为此向同程旅游支付的费用足以覆盖其成本。此外，由于门票价格奇低，导致游客在景点周边的"二次消费"特别大方。景点从游客停车、餐饮等方面获得了额外收入，同程旅游则从其他衍生服务（如现场售卖饮料等）中获利。

同程旅游联合微信推出的"一元门票"海报如图 5-11 所示。

图 5-11 "一元门票"海报

5.2 引发广泛传播的网络营销

俗话说"好酒也怕巷子深"，产品即使再好也怕"养在深闺人未识"，因此电商产品的营销，尤其是网络营销就变得尤为重要。网络营销（Online Marketing 或 E-Marketing）就是以互联网为基础，利用数字化的信息和网络媒体的交互性来辅助营销目标实现的一种新型的市场营销方式.常用的网络营销方法包括搜索引擎营销（SEM）、搜索引擎优化（SEO）、交换链接、网络广告、信息发布、邮件列表、病毒性营销等，其目的都是引发广泛传播。以下案例重点分析如何使网络营销具备广泛的传播性。

5.2.1 凡客诚品之凡客体

（1）凡客诚品简介

VANCL（凡客诚品，简称"凡客"），由卓越网联合创始人陈年创办于 2007 年，产品涵盖男装、女装、童装、鞋、家居、配饰、化妆品七大类，支持全国 1100 个城市货到付款、当面试穿、30 天无条件退换货。VANCL 品牌的名称意为"凡人都是客"，是一个诚恳的品牌。也有人认为 VAN 代表先锋，C 代表陈年，L 包括雷军（著名企业家，VANCL 股东之一）。全球著名会计师事务所德勤审计后认为，在 2007—2009 年凡客诚品是亚太地区成长最快的品牌；艾瑞咨询《2009—2010 年中国服装网络购物研究报告》显示，VANCL 在自主销售式服装 B2C 网站中排名第一。

后凡客因扩张过快，导致产品线过长、员工数量过多、库存数量过大而陷入危机，目前仍然处于调整期中。

（2）凡客体

① 简介

凡客体，即凡客诚品（VANCL）广告文案宣传的文体，该广告意在戏谑主流文化，彰显该品牌的个性形象。然而，其另类手法也招致不少网友的围观，网络上出现了大批恶搞凡客体的帖子，代言人也被调包成赵本山（著名小品演员）、林心如（著名影星）、唐骏（著名职业经理人）等名人。其广告词更是极尽调侃，令人捧腹，被网友恶搞后的版本引发了更广泛的传播，成为了网络营销中文体营销的经典。

② 凡客体原版有新意

凡客体的模板为"爱＿＿，爱＿＿，爱＿＿，爱＿＿，也爱＿＿（价格）的＿＿（商品名称），我不是___，我是___。"

凡客还曾签下韩寒、王珞丹等名人为其代言，详情如图 5-12 和图 5-13 所示。

调侃的文字、亲切的语调、偶像的代言、创意的手法，都为凡客体的传播打下了坚实的基础。

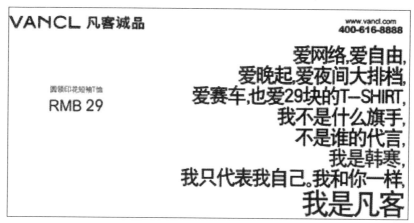

图 5-12　韩寒版凡客体

图 5-13　王珞丹版凡客体

③ 凡客体恶搞多版本

凡客体广告推出之后，立即引发了网友的关注，出现了众多的恶搞版本，例如城管版凡客体："爱逛街，爱扫货，爱赛跑，爱环境，爱杯具，爱擦皮鞋……所有人看到我们都会尖叫，我们是城管，我们要把世界制服。"类似的恶搞版本层出不穷，引发了更为广泛的传播，尤其是对名人的调侃版本。

④ 多渠道推介再传播

众多渠道的模仿、创作和传播，使得凡客体名扬天下，更使凡客诚品在较短的时间内获得了很高的知名度。由于凡客体的传播效应良好，江苏南京民警刘顺利自编"凡客体"防盗、防骗传单，起到了良好的宣传效果，获得了江苏省公安厅的推介。南京警方凡客体防盗传单如图 5-14 所示、防骗传单如图 5-15 所示。

图 5-14　南京警方凡客体防盗传单

图 5-15　南京警方凡客体防骗传单

5.2.2　珍品网之小珍课堂

（1）珍品网简介

　　珍品网作为国内第一家在新三板挂牌上市的奢侈品电商，由纽交所最年轻的敲钟人曹允东先生（曾创办学而思教育集团，2010 年在纽交所上市）于 2011 年创立。珍品网秉持"把全世界最好的东西带回中国来"的初心，承诺为中国消费者带来欧美日本"当地人都在用的奢侈品"。珍品网专注奢侈品正品特卖，在业内首家与保险公司合作，为每一件商品担保。很多知名人士都是珍品网的用户，所以珍品网 APP 在业内被誉为"明星都在用的奢侈品扫货神器"。

2015 年，珍品网大胆做出了"停止 PC 端运营，专注移动端"的决定，力求迅速抢占移动端入口。

（2）小珍课堂

① 低成本视频营销

BAT（百度、阿里和腾讯）在各自领域的优势地位，使得"奢侈品"这一特定的敏感品类在搜索引擎、第三方平台和即时通信进行推广的营销成本非常高昂。因此，珍品网另辟蹊径，采用自制视频营销的方式走出了一条低成本、高收益的网络营销道路。

2015 年 8 月，珍品网推出七夕真爱视频《爱，让 ta 知道》，美拍平台播放量超 950 万次，全网点击破 2 亿次，登录水木十大热帖，上了金星秀、腾讯视频、央视新闻等各大媒体头条。2015 年 10 月，珍品网推出暖心视频《让最好的时光，回家》，引发网友关于回家议题的讨论。在珍品网的视频营销中，又以小珍课堂系列最具影响力。

② 小珍课堂成系列

珍品网独家原创的视频系列——《小珍课堂》，主要内容是关于奢侈品的系列知识，如奢侈品的品牌发音、等级、真假鉴别、保养、搭配等系列知识。2014年 2 月情人节期间，推出第一期《小珍课堂》之《美女教你读大牌》；2014 年 4月，推出第二期《小珍课堂》之《奢侈品金字塔》；2014 年 11 月，推出第三期《小珍课堂》之《奢侈品真假鉴别》。3 期全网点击量累计突破 8000 万次，为珍品网赢得了大量客户，直接拉升了交易额。2015 年 1 月，《小珍课堂》作为国内17 家优质自媒体受邀参加优酷自媒体之"合享嘉年华"活动。

扫一扫，且看小珍课堂美女如何教你读大品牌的名字。

5.2.3　罗辑思维之真爱月饼

（1）罗辑思维简介

自媒体（We Media）又称"公民媒体"或"个人媒体"，是指私人化、平民化、普泛化、自主化的传播者，以现代化、电子化的手段，向不特定的群体或者特定的个人传递规范性及非规范性信息的新媒体的总称。国内目前最为知名的自媒体当属罗辑思维。罗辑思维，自称为互联网知识社群，包括微信公众订阅号、知识类脱口秀视频及音频、会员体系、微商城、百度贴吧、微信群等具体互动形式，主要服务于80、90后有"爱智求真"强烈需求的群体。罗辑思维的口号是"有种、有趣、有料"，倡导独立、理性的思考，推崇自由主义与互联网思维，凝聚爱智求真、积极上进、自由阳光、人格健全的年轻人。

微信公众订阅号"罗辑思维"，每天早上 6:30 左右发出，365 天全年无休；视频节目每期 45 分钟，每周周五在优酷网播出，全年 48 期。2015 年 10 月完成 B 轮融资，估值 13.2 亿元，已经成为国内估值最高的自媒体。

（2）真爱月饼

2014 年中秋节期间，"真爱月饼"由罗辑思维发起，并通过众筹与众包的方式来寻找合作伙伴，最终在其微店与顺丰优选上架销售。本次活动将互联网思维植入月饼的生产、设计、营销等环节，经过 100 天的销售，最终以 40380 盒月饼的销量为活动交上了完美的答卷。现就其成功因素进行简要分析。

① 庞大的活跃用户基数

此次营销活动获得巨大成功的基础在于罗振宇（自称罗胖，罗辑思维创始人）的知名度与罗辑思维庞大的活跃用户基数。罗辑思维当时拥有 256 万微信订阅用户，25000 名会员，日活跃用户（DAU）为 30 万～40 万人。在这样一个用户众多、活跃度较高的社群环境中进行电商实验，短短 13 天内，参与人数达到 2698790 人，参与次数高达 8000972 次，月饼商品页面分享次数达到 1036059 次。

② 互动的众筹、众包营销

在整个"真爱月饼"的营销中，众筹模式起了很大的作用。此前，中国利用众筹操作的成功案例并不多见。"真爱月饼"通过众筹合作伙伴选出了顺丰优选，通过众筹设计师选出了王杨，通过众筹合伙人选出了 200 名罗辑思维会员。根据约定，罗辑思维要在销售完成后给众筹的合伙人进行利润分成，但本次众筹对象只针对罗辑思维的会员。此次众筹可谓"一箭双雕"：一方面可以促进罗辑思维会员的增加；另一方面众筹到的设计师、战略合作伙伴、合伙人都会尽力为月饼做宣传,扩大活动的宣传面。这种基于"关系"的众筹、众包营销方式,可以让所有参与者同时为一件事情付出心力,担当责任;而在任务完成时,合伙人则可将参与感转化为自豪感。

真爱月饼进行了全程100天的记录,众筹战略合作伙伴、合伙人、月饼包装设计等环节都在网上一一曝光,每一个都是话题的引爆点。罗辑思维的这种线上征集,既能维护与用户的良好互动(让每个人都有发言权,是自媒体典型的特征,也是对用户的尊重),又能为活动进行宣传造势。

③ 社交的大众娱乐游戏

a. 测试品行,检验真爱

用户可以在罗辑思维的店铺内选定月饼的数量,填写用户信息和地址并下单,然后选择找人代付,再将付款的链接发送给朋友或者分享到微信朋友圈内,等待小伙伴来付款,以此来测试品行、检验真爱。

b. 娱乐游戏,增值服务

月饼销售期间,罗辑思维还同时推出多个小游戏,增加趣味性。邀请设计师与合伙人登上"月饼地图",发行"节操币",集齐10张节操币就可以召唤罗胖喝咖啡。节操王可以在农历八月十六日跟罗胖晒太阳,进行具有很强社交性的游戏,这样不仅提升了用户黏度,也让用户体验到消费后的增值服务,牢牢抓住了消费者的心理。

c. 刷屏转发,争取排名

在活动期间朋友圈铺天盖地地刷屏转发求真爱,足以证明活动的成功。尤其是争当"节操王"这一具有很强社交属性的游戏,大家为了占领前排,动用自己各种社交群体,比如白鸦(真名朱宁,有赞(本次活动合作方之一)创始人兼CEO,曾一天收到70盒月饼来提升自己在节操王排行榜的名次。

d. 付款"姿势"一再创新

"真爱月饼"的付款"姿势"一再创新,单人代付、多人代付、小批量定制、送礼等,都是在活动进行中罗辑思维与口袋通(后改名为有赞)团队根据用户反馈不断增加的功能。每一种"姿势"的出现都是一个话题引爆点,都能为活动进行一次宣传,甚至后来很多用户都在猜测罗胖到底还有多少种"付款姿势"可以推荐。

罗辑思维真爱月饼如图5-16所示。

（O2O创新版）案例与方法
电商创业：基础、

图 5-16　罗辑思维真爱月饼

5.2.4　铁血网之龙牙战术装备

（1）铁血网简介

铁血网创立于 2001 年，公司员工 500 余人，历经 11 年发展，铁血网成为能够提供社区、电子商务、在线阅读、游戏等产品的综合平台。铁血网由北京铁血科技有限责任公司运营，是中国最大的军事垂直门户。截至 2012 年 10 月，铁血网已有 1000 万注册会员、PV（页面浏览量）过 3 亿。铁血网的主要产品包括全球最大、最负盛名的军事交流平台——铁血社区，原创网络小说平台——铁血读书，电子商务网站——铁血君品行，市场营销业务——铁血广告，自主研发与联合运营模式并行的铁血游戏，覆盖全国部分城市的实体连锁店等。

铁血君品行目前已经成为中国最大的在线军品电子商务平台，在国内多个城市拥有线下实体店，是多个知名军事及户外品牌的授权经销商。君品行主要经销美国 ALPHA 服装、PROPPER 军服、Belleville 军靴、美军军服、JETBEAM 手电等各类军品。铁血君品行由铁血网直接运营管理，是 B2C（企业对个人）类型的电商零售网站。

（2）龙牙战术装备

① 决心自创品牌

2011 年，因为国外军品大牌的态度傲慢，铁血网毅然决然地走上了自创战术装备品牌的道路。龙牙战术装备旨在打造中国人自己的战术装备品牌，与国外军品大牌竞争和抗衡；取名"龙牙"，寓意"中国龙的武器，披坚执锐，所向无敌"。2012 年 10 月，龙牙全面收购 TDE 品牌（Tactical Drills Equipment，战术钻头设备）。2013 年 10 月，龙牙战术装备品牌举办了全球发布会。

② 切入冷门市场

战术装备，是介于军品与户外产品之间的品类，兼具了功能性与实用性，适合日常穿着、登山户外等多种用途。战术装备早已超出了军警范畴，也不再是特工的专属产品，其低调的外观、卓越的性能、多场合的适用性，使得这类服装逐步向大众消费群体渗透。同时在服装市场细分中，这一市场又属于较被业内忽略的冷门市场。

③ 品质追求卓越

龙牙战术一直秉承"只用好料"的准则。在龙牙全系产品中，率先全面采用 Cordura、Primaloft、Power Dry、Polartec、Riger 等高科技功能面料，这类面料一般只有价格昂贵的国际户外品牌才会采用，如始祖鸟、Patagonia 等。龙牙对品质有近乎偏执的追求，提出要像做 iPhone 手机一样做服装，永远要对得起用户掏的每一个钢镚。正因为突出的高性价比、精益求精的工匠精神和负责到底的售后态度，龙牙才能够收获越来越多的忠实用户并不断取得销售佳绩。

④ 业内联合发展

从 2012 年起，龙牙陆续收购了多个国内顶尖战术装备设计团队，使国内军品制造商从竞争走向联合，并逐步走向独立自主设计的创新之路。龙牙全心专注于具有卓越功能的战术服装装备，打造中国第一战术装备品牌，坚实地向国际知名品牌行列迈进。龙牙认为精良的战术装备就像精良的武器，提出"战术男装，武装我心"的口号。

⑤ 精准用户营销

铁血网从军事论坛起家，再运营军品电商，后创立军品品牌，衍生服务日益增多，盈利模式日渐清晰。铁血网首先通过论坛（铁血论坛）聚集大量的军事爱好者，通过电商（铁血君品行）从中挖掘出一批军品消费者，再通过品牌（龙牙战术装备）进一步圈定一定数量的忠实消费者。铁血网的上述精准用户营销从论坛到商城、从商城到品牌，可谓层层递进、步步为营。尽管用户数量层层递减（论坛用户→商城用户→品牌用户），但用户质量（以人均消费能力为判断标准）却层层递增，走出了一条另类电商的网络营销之路。

龙牙官网首页截图如图 5-17 所示。

图 5-17　龙牙官网首页截图

思考

1. 在学习上述电商产品开发案例的基础上，结合自身电商创业项目，挖掘自己经营产品的卖点，尽可能多地将之罗列出来，反复提炼成简洁的文字表述出来。

2. 在学习上述网络营销传播案例的基础上，将上题的文字表述转换成图片、音频、视频等多媒体形式，在尽可能多的传播渠道进行网络营销。

CHAPTER6

第6章
特色电商的定位与机会

概述

本章通过女装、母婴、家居与医药4个热门领域的案例解析上述电商微分市场的隐形强者；通过"赶海的螃蟹""姨妈枣"、顺丰优选和天天果园这4个案例探求另类电商的逆袭机会。

要点

1. 欧莎、韩都衣舍、茵曼、裂帛的微分女装风格特点
2. 蜜芽与贝贝网的母婴电商
3. 美乐乐与尚品宅配的家居电商
4. 药房网与壹药网的医药电商
5. "赶海的螃蟹"的旅游电商
6. "姨妈枣"的特色电商
7. 顺丰优选的生鲜电商
8. 天天果园之水果电商

引例

马家店镇的特色电商

2015 年，辽宁省东港市马家店镇根据本地特色，明确目标定位，全面实施电商拓市场、促消费、扩投资、创优势等各项工作，探索出一条符合地域电商发展的道路，打造出镇级电商服务的新模式。目前，全镇已建立电子服务网站 1 处、双增集团服务站 3 处、村级淘宝店铺 2 个，通过电子商务实现产品交易总额 10 万元。

因地制宜搭建实用便捷电商平台。2015 年 5 月，马家店镇成立了电子商务工作领导小组，经过多方考察与研讨，确定依托互联网发展形势，使电子政务、电子商务、电子信息服务 3 方面工作同步推进。同时，多元化推进镇级互联网建设，力争节约基础成本，避免资源浪费。

为把全镇特色商品、特色旅游、特色人文推广到周边乃至更广的地区，经过与网络建设单位数月协调和沟通，搭建了马家店镇电子商务网站，即马家店生活馆。该网站具备发布电子政务相关资讯、企业、合作社、个体户可在网站开设店铺和电子信息服务三大主要功能。如今，通过计算机端、移动端、微信端均可进入马家店生活馆，为商品买卖、商讯交流、销售服务提供了便利。

精品引领开启电商营销运作新模式。马家店镇素有"禽蛋之乡"的美誉，蛋鸡年饲养量 300 万只，鸡蛋年产量达 3 万吨。蛋鸡网站运作伊始，该镇就把鸡蛋作为主打产品。通过东港市金兰蛋鸡养殖场推出初生蛋、富硒蛋、生态蛋等鸡蛋品种，为传统蛋鸡养殖产业指引了新的发展方向。

为实现电子商务线上、线下结合运作，该镇举办了首届鸡蛋文化节，活动当天就取得了线上线下销售 0.8 万元、订单 2.42 万元、咨询人数近 500 人的业绩。值得一提的是，马家店镇还依托电子商务移动服务车对商品进行了物流配送，受到好评。目前，马家店牌鸡蛋享誉东港、丹东，线上线下成交量已达 10 吨以上。

该镇将继续把鸡蛋产品做优、做强、做精、做细，与双增集团加强合作，进一步完善全镇 14 个村级电商服务站代买代卖等服务功能。同时，引领其他特色农产品占领市场，陆续推出后洼古酿白酒、富硒草莓、双山葫芦工艺品、养殖饲料以及民俗乡村游、鲜果采摘等产品包装及推广活动，促进农民增收、企业增效和经济提速。

（注：本文引自东港新闻网 2016 年 2 月 29 日相关报道）

针对上述"特色电商"的案例，结合自己家乡或居住地的优势产业和特色产品，为自己的电商创业选择有特色的产品类目，例如特色农副产品、特色手工艺品、特色轻工业产品等。

6.1 微分市场的隐形强者

市场细分（Market Segmentation）的概念是美国市场学家温德尔·史密斯（Wendell R. Smith）于 20 世纪 50 年代中期提出来的。市场细分是指营销者通过市场调研，依据消费者的需要和欲望、购买行为和购买习惯等方面的差异，把某一产品的市场整体划分为若干消费者群的市场分类过程。每一个消费者群就是一个细分市场，每一个细分市场都是具有类似需求倾向的消费者构成的群体。

与市场细分紧密相关的另一个概念是目标市场。目标市场就是企业期望并有能力占领和开拓，能为企业带来最佳营销机会与最大经济效益的具有大体相近需求、企业决定以相应商品和服务去满足其需求并为其服务的消费者群体。

在传统商业中，由于门店辐射能力不大，其销售半径大为受限；在电子商务中，由于网店辐射范围较大，其销售半径大为扩展。因此，在电商领域，仅仅对市场进行细分是不够的，需要进一步进行微分，即在市场细分的基础上再细分，尽可能地将目标市场锁定在一个微分领域，在更大地域范围内满足小部分消费者群体的相似需求，然后争取在这个微分领域获得尽可能多的市场份额。

6.1.1 女装电商之欧莎、韩都衣舍、茵曼、裂帛

"女人的衣柜里永远缺一件衣服"，是指女性具有较强的服装消费能力。大量电商创业者之所以选择女装作为自己的经营品类，是因为服装一直是我国电商的最大品类，而其中又以女装为其中最大的一个类目。许多创业者认为自己的经营类目已经细分至女装类目，即认为已经完成了市场细分。但在电商创业中，仅有市场细分是不够的，还需要在某一细分市场基础上再细分至某一微分市场，才能增加创业的胜算。例如，在天猫平台上，女装按用途进一步被细分为上装、裙装、裤装、特色服饰；而其中的裤装又按类型再进一步被细分为休闲裤、牛仔裤、

小脚裤、九分裤、阔腿裤、哈伦裤、打底裤、短裤等。

下面以四大著名线上女装品牌——欧莎、韩都衣舍、茵曼、裂帛为例，分析说明它们各自在微分市场的风格特点。

（1）欧莎

欧莎（OSA）是深圳市欧莎世家服饰有限公司旗下品牌，为心理年龄在25～35岁的都市女性创造了在工作和休闲生活中都能游刃有余的时尚着装。

2007年11月，欧莎官方销售平台正式上线。2008年3月，欧莎成为首批入驻"淘宝商城"（后改名为天猫商城）的品牌之一。欧莎连续4年（2008—2011年）荣获淘宝商城年度女装类目销售第一名；2009年入选淘宝精品网货商家、淘宝商城热卖品牌；荣获"淘品牌"2009年度消费者投票评选TOP5。2012年，欧莎与"唯品会"等一同入选第一批广东省电子商务示范企业；2015年12月，荣获2015—2016年度广东省电子商务示范企业称号。

欧莎发展至今，其风格会自然与"都市女性""白领女性"（OL，Office Lady）、"年轻职业女性""时尚白领"等标签联系在一起，成为服务上述女性群体的线上女装细分市场的佼佼者。欧莎女装口号如图6-1所示。

图6-1 欧莎女装口号

（2）韩都衣舍

韩都衣舍电商集团创立于2006年，是中国最大的互联网时尚品牌运营集团，凭借"款式多、更新快、性价比高"的产品理念，获得消费者的喜爱和信赖。

韩都衣舍2010年获得"十大网货品牌"以及"最佳全球化实践网商"的荣誉称号；2012—2014年，在国内各大电子商务平台中连续3年女装销量排名第一。2014年，韩都衣舍女装取得了天猫历史上第一个全年度、"双十一""双十二"的销量"三冠王"。2014年4月，韩都衣舍签约韩国巨星"国民女神"全智贤，是目前中国拥有国际明星代言人最多的互联网企业。2014年9月，韩都衣舍获得由李冰冰、黄晓明、任泉三人成立的Star VC（明星风投）投资，成为其首个投资项目。

韩都衣舍的目标客户群为20～35岁的都市时尚女性，其风格关键词可以总结为"多、快、韩"3个字。"多"是指韩都衣舍已经成为世界年开发款式最多的服装企业；"快"是指其款式更新速度在国内服装行业中已经首屈一指；"韩"是指其主打品牌——HSTYLE已经成为国内韩风（韩国风格）快时尚女装第一品牌。

韩都衣舍女装示例如图 6-2 所示。

图 6-2　韩都衣舍女装示例

（3）茵曼

茵曼（INMAN）是广州市汇美服装有限公司旗下品牌，由方建华先生于2008年创立，凭借"棉麻艺术家"定位的原创设计享誉互联网，是中国成长最快、最具代表性的网络服饰零售品牌之一。茵曼主张"素雅而简洁、个性而不张扬"的服装设计风格，推崇原生态主题下亲近自然、回归自然的健康舒适生活，追求天人合一的衣着境界，致力于成为"属于世界的中国棉麻生活品牌"。茵曼不只是销售服装，更多的是为女性消费者提供环保、原生态的棉麻生活体验，回归现代都市自然"慢生活"。

茵曼先后获得2011年全球十佳网商30强品牌，连续3年位居天猫商城女装品牌 TOP5、淘品牌女装 TOP3，并获淘宝第一原创棉麻女装品牌等殊荣，2013年获"双十一"女装品牌全网销量第一名。

茵曼的突出特点体现在面料选用方面。茵曼较多地使用来自欧洲和日本的面料，十分擅长使用真丝、全棉等天然面料，也特别注重运用如纤维、氨纶、莱卡等最新的高科技面料，使衣物既有天然面料的舒适性，又容易清洗，保持良好的形态。茵曼女装适合约会、休闲、工作穿着，令女性能够轻松应对多种场合。

茵曼女装示例如图 6-3 所示。

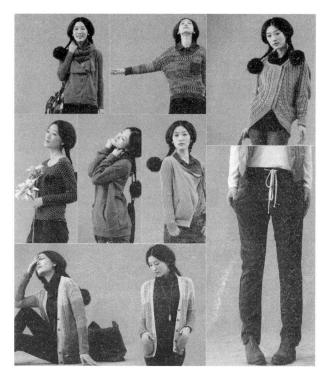

图 6-3　茵曼女装示例

（4）裂帛

裂帛是成立于 2006 年的中国知名独立设计服装品牌，设计上一贯坚持有所为有所不为等独立、鲜明的立场。裂帛用服饰延伸着人类文化中人们对色彩、自然、情感共通的热爱与表达，分享内心生活的感动和喜悦。如今裂帛已成为中国最具规模的独立设计品牌服装集团之一，远销海外多个国家和地区，为世界潮流和国际时装界输出来自东方的多元文化价值与美好体验。

裂帛创始初期是一家搜罗云贵少数民族服饰的网络店铺，后来注册裂帛品牌开始独立设计、制作与销售。2010 年，裂帛荣获"2010 全球网商评选十佳网货品牌""2010 全球网上评选最具创新力网商"。2011 年，裂帛会员突破 23 万人；2012 年，裂帛获创业邦评选的 2012 中国年度创新成长企业 100 强。

裂帛自称其风格为"参照本心、无拘无束"，设计主打自然风和民族风，挖掘民族元素、辅以现代设计，个性十足。因此裂帛的目标客户群体较之大众品牌显得比较小众，会员也大都是追求鲜明个性着装风格的女性。

裂帛女装示例如图 6-4 所示。

图 6-4 裂帛女装示例

四大著名线上女装品牌微分市场风格特点对比如表 6-1 所示。

表 6-1 四大著名线上女装品牌微分市场风格特点对比

品牌	微分市场风格特点
欧莎	都市白领
韩都衣舍	韩风快时尚
茵曼	棉麻慢生活
裂帛	自然民族风

6.1.2 母婴电商之蜜芽与贝贝网

"女人和孩子的钱最好赚",是指女人和孩子的消费占据了社会消费的很大比例。"电商客户中70%以上为女性",是指大部分家庭的日常消费(尤其是子女的消费)是由女性来支配的。因此,兼顾女人和孩子消费品的母婴市场自然是各大电商绝不会忽略的一大电商细分市场。这一市场备受重视的另一原因是这一领域的客单价不低,复购率也不低。客单价是指顾客对于某产品或服务的平均购买金额，即客均交易金额。重复购买率（复购率）是指顾客在一定时期内对于某产品或服务的重复购买比率。

以下以这一领域的两大知名企业——蜜芽和贝贝网为例，分别分析如下。

（1）蜜芽

① 简介

蜜芽（原名蜜芽宝贝）是中国首家进口母婴品牌限时特卖商城，创立于2011年，致力于创造简单、放心、有趣的母婴用品购物体验。蜜芽总部位于北京，团队核心成员来自百度、京东、苏宁红孩子、当当网等成熟互联网公司，拥有一支约60人的技术研发团队，70%的员工是0～3岁宝宝的家长。蜜芽已拥有逾50万名妈妈会员，销售渠道包括官网、WAP页和手机客户端。蜜芽主仓库位于北京大兴，面积超过6000平方米；并拥有德国、荷兰、澳洲三大海外仓，以及宁波、广州两个保税仓，在母婴电商中率先进入"跨境电商"领域。

② 经营特色

a. 源自淘宝皇冠店铺

蜜芽创始人兼CEO刘楠，毕业于北京大学新闻传播学院，2008年加入陶氏化学做管培生，2011年成为全职妈妈。2011年10月，蜜芽的前身mia时尚母婴用品在淘宝上线，销售由花王中国授权经销的正品行货花王纸尿裤，用时两年成为"四皇冠"店铺，销售额超过3000万元。2013年在获得著名天使投资人徐小平投资后，刘楠从进口母婴特卖切入转做自营电商平台。

b. 坚持正品行货取向

蜜芽率先普及纸尿裤正品行货概念，也是最早普及花王纸尿裤正品行货概念的商家，曾公开分享采购渠道、微博直播和品牌方的合同过程。蜜芽遵循高档商场的采购准则，向品牌方、总代理直接采购，供应链管理严谨，为消费者把好质量关。蜜芽只甄选在原产国畅销且拥有一定的历史积淀和口碑的好品牌。这些产品在国外受到消费者追捧，在国内同样广受好评。2014年10月，蜜芽与中国平安保险公司在北京签约产品质量险的合作，为蜜芽进行正品承保，为顾客提供坚实的第三方保障。

c. 限时特卖让利顾客

进口母婴产品经过经销商、代理商、批发商、零售商层层加价后，导致最终售价过高。蜜芽直接向品牌商、总代理采购，形成规模效应，用了两年时间使其零售价格不断降低。蜜芽不在采购环节压缩成本，在坚持采购标准、供应链管理标准和仓储标准的前提下，通过模式创新、提高效率等方法来降低售价。尤其是限时特卖的模式，能大幅提高库存周转能力，降低经营成本，最终让利于顾客。

d. 开展跨境电商业务

作为国内第一家进口母婴限时特卖的电商平台，蜜芽于 2014 年 8 月开始在宁波保税区开展跨境电商业务。同年 9 月，蜜芽在广州保税仓的跨境业务也正式开始。2015 年 7 月，蜜芽与雀巢、亨氏、惠氏、美赞臣等全球顶级的奶粉和婴儿辅食巨头签署了跨境业务战略合作协议。2015 年 10 月，天域蜜芽母婴特卖商城开业典礼在三亚天域度假酒店隆重举行。这是蜜芽在线下的第一家实体店，也是传统酒店行业与新兴电商的一次跨界合作。

（2）贝贝网

① 简介

贝贝网创立于 2014 年 4 月，为杭州贝购科技有限公司旗下网站，是国内领先的母婴特卖平台。贝贝网主要提供童装、童鞋、玩具、母婴等商品的特卖服务，产品适用于 0～12 岁的婴童以及生产前后的妈妈们。贝贝网专注于妈妈群体的服务，致力于整合国内外最优质的孕婴童品牌供应商，打造妈妈宝贝专属的一站式购物平台。

② 经营特色

a. 青年创业精英团队

贝贝网创始团队主要来自阿里巴巴、腾讯、百度等知名企业，曾成功创办了国内最大的网购省钱平台——米折网（年销售额达百亿级别），连续两次入选"中国创新成长企业 100 强"。贝贝网创始人兼 CEO 张良伦为原阿里巴巴旺铺负责人，曾获福布斯"中国 30 位 30 岁以下创业者"、创业邦"中国 20 位 30 岁以下创业新贵"、杭州市"十大青年英才"等殊荣。

b. 众多正品优质服务

贝贝网已与迪士尼、巴拉巴拉、巴布豆、贝亲、好奇、雀氏等众多知名母婴品牌建立合作。所有入驻贝贝网的商家都要经过品牌授权、供应商证件、产品质检等多层筛选，并由中国人保承保，保证其 100% 的商品为正品。贝贝网承诺提供 7 天无理由退货、全场包邮、48 小时限时发货等服务。

c. 移动购物限时抢购

贝贝网致力于整合国内外最优质的孕婴童产品资源，每天数十个特卖专场（部分为独家特卖），以 1～7 折超低折扣限时限量出售，每天 10 点准时开抢，抢完即止。随着用户购物场景日趋多样化，流量入口分散，移动端购物的便捷性优势凸显。近两年随着智能手机的普及，消费者可以随时随地进行购物，移动端购物极大地提升了用户下单效率。在 2015 年"双十一"贝贝网超 3 亿元的成交额中，超过 90% 来自移动客户端。

d. 分众电商空间巨大

贝贝网定位于分众电商（是指"卖所有东西给一类人"的电商玩法，区别于"卖一类东西给所有人"的垂直电商），针对妈妈群体提供细致、深入的产品与服务。传统电商是基于卖货的思维，而贝贝网是消费者电商的思路，从妈妈群体的需求出发，专门提供她们需要的产品与服务。因此，未来贝贝网可能涉及家居、教育等万亿级市场，想象空间巨大。

《互联网周刊》评选的 2015 年度母婴电商 APP 排名如图 6-5 所示。

排名		APP 名称
1		贝贝
2		蜜芽
3		聚美优品
4		辣妈商城
5		母婴之家
6		辣妈汇
7		麦乐购
8		乐友
9		亲亲宝贝
10		妈妈100

图 6-5 《互联网周刊》评选的 2015 年度母婴电商 APP 排名

6.1.3 家居电商之美乐乐与尚品宅配

因为家居产品体积大、价值高、快递难、不易展示等问题，家居产品一直是电商比较难以发展的品类之一。随着电商的蓬勃发展，所渗透的行业日益增多，家居电商也在众多创新创业者的勇敢实践中获得了突破。以下以我国家居电商的创新企业——美乐乐与尚品宅配为例加以分析。

（1）美乐乐

① 简介

美乐乐是一家专业从事家居电子商务的公司。在中国电子商务飞速发展的同时，家居行业的市场竞争日益激烈，美乐乐正是在这样的背景下应运而生。2011年，美乐乐率先在国内实现由"美乐乐家具网"与"美乐乐体验馆"为基础的线上线下"双平台 O2O"经营模式，是国内领先的家居电商平台，并在 3 年内实现 10 倍颠覆式增长。2013 年初，美乐乐拓展海外供应链，成为中国唯一在海外建立大规模家具采购体系的电商。2014 年，美乐乐进入飞速发展时代，采用"全屋购"业务、大店计划、全国样板间征集、开放 O2O 平台等战略举措，用互联网思维颠覆传统家居行业，奠定了美乐乐中国家居电商第一品牌的地位。

② 经营特色

a. 从家具到家居

创始之初，美乐乐主要致力于"家具网购"的经营。随着公司的发展壮大及市场需求的不断提升，美乐乐的业务由最初的成品家具销售，开始向装修、建材、家饰家纺、定制家具等领域全面拓展。"美乐乐装修网""美乐乐网上建材商城""美乐乐定制建材体验馆""美乐乐家居广场"的相继创设，使美乐乐实现了由"家具电商"向"家居电商"的转变。目前，美乐乐家居网产品涵盖家具、建材、家居家饰这三大领域。美乐乐不断拓宽家居的外延，塑造"大家居"的电商业态，让消费者享受一站式购齐所带来的方便、快捷、优质的购物体验。

b. 从 B2C 到 O2O

2008 年，美乐乐正式运营美乐乐家具网，率先提出网购家具的概念。2011年，美乐乐在家具网购的基础上延伸"线下体验"，在全国布局开设线下体验馆，从 B2C 向 O2O 转型。这种"网上商城（Online）+线下实体店（Offline）"的组合模式，在家居电商行业尚属首创。美乐乐在全国范围内，实施线上、线下相同的产品体系和价格体系，去除供应链中间环节，压缩成本为消费者提供更多的让利空间。美乐乐通过搜索引擎、社交平台、移动互联网建立流量入口，将潜在家居网络消费者吸引到站内，进而邀约消费者到线下实体店进行体验购物。此外，线下体验馆也给美乐乐带来一定的顾客流量。

c. 就近体验、限时送达

美乐乐"限时达"服务立足于美乐乐遍布全国的近 300 家体验馆。自 2013 年 12 月起，凡购买美乐乐配送商品，且选择"体验馆配送安装"服务的限定区域内的订单均可享受美乐乐送货无忧到家的"限时达"服务。订单为全现货商品，且客户要求尽快发货并在下单时付整单全款，美乐乐在 7 天内配送到家。未按期完成的商品，美乐乐将按该商品成交金额的 1%每天进行赔偿。

d. 众多品牌、一体服务

美乐乐线上销售的家居品牌由美乐乐自主品牌、国内第三方品牌及进口品牌组成。美乐乐旗下拥有数十个自主品牌，包含家具与建材两大类，涵盖了韩式、美式、欧式等风格。同时，美乐乐平台上有数百个国内第三方品牌与进口品牌产品入驻，其中不乏部分拥有百年历史的全球知名高端品牌。除深耕已久的家具品类外，2012 年美乐乐先后上线建材城和家装设计，打通了"装修—建材—家具"的产品服务链，蜕变为集合家具、建材、装修等为一体的互联网公司。

美乐乐家居网海报如图 6-6 所示。

图 6-6 美乐乐家居网海报

（2）尚品宅配

① 简介

尚品宅配成立于 2004 年，是广州尚品宅配家居用品有限公司旗下品牌，是一家强调依托高科技创新迅速发展的家具企业。企业目前在北上广等地拥有 38 家直营店，在全国拥有 800 多家加盟店。公司设计服务团队每天承担来自国内外顾客家居一体化设计解决方案制作，拥有中国家具行业最齐全的上万件产品库、房型库和方案库三大数据库应用体系。

② 经营特色

a. 全屋家具数码定制

尚品宅配主推"全屋家具定制"概念，即顾客的全屋家具均可在此根据各家房型实现量身定制，属于 C2B（消费者对企业）电商模式。定制流程为网上预约、免费量尺、上门量尺、设计方案、到店看方案、签订合同、产品配送、售后安装等步骤。截至 2016 年 3 月，公司已经为全国 61 万多个楼盘的 200 多万个户型提供了 580 多万个方案，为 218 万多名客户提供免费设计服务。

b. 明星代言引领时尚

尚品宅配成功签约著名影视明星周迅作为形象代言人，这一举措标志着尚品宅配全新的品牌战略正式启动，除了强势打造品牌新形象，更是旨在引领家居时尚文化。尚品宅配的每一次营销变革，都在引领家居消费新观念，力求从家居行业品牌向时尚大众品牌转变。尚品宅配认为周迅的灵气个性与百变造型非常契合尚品宅配的品牌形象。

扫一扫，且看周迅代言的尚品宅配广告。

c. 创新家居消费模式

轻松、节约、舒适、科技是尚品宅配创新的家居消费模式。轻松是指消费者无需费心费力奔波于卖场、门店，足不出户，线上申请即可轻松享受专业设计师为其量身定制全套家具。节约是指省却了门店展示成本、减轻了家居企业的营销成本，将家具产业链协同效率大大提高，降低了家具的终端价格，节约了社会资源。舒适是指拉近家具配套设计师与普通消费者的距离，普通消费者都能够享受到专业的设计服务，避免了家具尺寸不合适、颜色不协调、空间不合理等问题，使顾客可以享受到舒适的家居。科技是指采用先进的虚拟现实技术以及智能化的家居设计软件，让消费者在购买前就能看到家具摆放在自家的效果，实现消费者的家居 DIY 梦想。

6.1.4　医药电商之药房网与壹药网

医药电商是指以医疗机构、医药公司、医药生产商、医药信息服务提供商、第三方机构等以盈利为目的的市场经济主体，凭借计算机和网络技术（主要是互联网）等现代信息技术，进行医药产品交换及提供相关服务的行为。

医药电商限于政策因素，目前在我国的市场规模仍然较小，但却一直被业内公认为具备万亿级市场规模潜力的领域。截至 2016 年 1 月 31 日，获得医药网上交易资格证书的企业有 525 家。其中，A 证（第三方交易服务平台）、B 证（与其他企业进行药品交易）和 C 证（向个人消费者提供药品）的数量分别为 26 家、112 家和 387 家，占比分别为 5%、21.3% 和 73.7%，其中又以 C 证所占比例最大。

从目前来看，网上药店市场规模虽然不算大，但增速较快。2013 年，网上药店销售规模为 42 亿元，2014 年该数字为 72 亿元，2015 年则超过了 100 亿元。尽管目前 B2B 仍是我国医药电商交易的主体，但随着网上药店医保支付试点的推进，以及业界对于网售处方药放开的期待，网上药店仍有巨大的发展空间。

2015 年上半年中国医药电商销售额占比情况如图 6-7 所示。

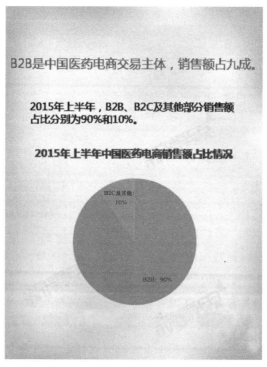

图 6-7　2015 年上半年中国医药电商销售额占比情况

以下选取我国医药电商中的两家零售企业——药房网与壹药网，对网上药店加以分析。

（1）药房网

① 简介

药房网（京卫药业旗下网上药店）成立于 2005 年 12 月，率先通过由国家食品药品监督管理局、北京市药品监督管理局的认证验收，成为国内首家获得《互联网药品交易服务资格证书》的合法网上药店。药房网通过电话、网络、手机等多种订购方式，主要开展医药领域的电子商务服务。

药房网依托京卫药业的强大医药背景，按照 GSP 标准，自建物流配送体系，在全国 93 个城市设立 4000 多个实体联盟商（京卫大药房），实现"网上订购、京卫大药房配送、验货付款、专家热线 24 小时提供用药咨询"的新格局，保证其消费者所订购的产品能及时、安全地收到，多次荣获"中国电子商务百强企业""中国连锁药店百强""中国最具生命力百强企业"等称号。

② 经营特色

a. 先发优势明显

作为中国首家网上药店，药房网率先实现医保报销，作出"所售商品全国最低价，差额部分双倍返还"承诺，采用"网上订购、实体药店配送"，拥有通过 GSP 认证的物流配送公司，实行 7×24 小时服务。在上述创新中，药房网还在多个方面做到了全国首家，在业内具有明显的先发优势。

b. 安全实惠快捷

政府部门的直接监管与 4000 多家实体门店的零售网络，直接保证所售药品的安全。网上药店运营有效降低了运营成本，使得药房网的药品价格比一般实体门店低 10%～15%，保证终端价格实惠。24 小时在线客服和部分区域的 4 小时免费送药上门服务，保证了购物体验的快捷。

c. 专业优质服务

为了让会员享受到优质服务，药房网斥资千万打造了一支由 30 位专家医师和 103 位资深健康管理师组成的会员服务团队，并开通客服热线为会员提供 24 小时的健康服务和用药咨询。药房网由此创建了中国首家"网上订购、京卫大药房配送、验货付款、专家热线 24 小时提供用药咨询"的新型服务模式。

d. 药品标准售卖

药房网不仅提供药品，还提供保健品、美容护肤、减肥瘦身、母婴用品、成人用品、医疗器械、宠物用品、日用品等健康类产品。药房网所售的所有商品均按照药品的管理规范进行采购、销售、配送、售后服务等，确保提供优质的产品与服务。药房网是中国第一家所售商品按照药品标准进行销售的网上药店。

（2）壹药网

① 简介

壹药网（原1号药网）于2015年11月正式更名为"壹药网"，隶属于广东壹号大药房连锁有限公司，是中国第一批获得国家食品药品监督管理局颁发的《互联网药品交易许可证》的合法网上药店。其前身1号药网成立于2010年7月，目前已成为中国网上药店的领导企业。

壹药网秉承"用心选药，便民可信，为民省钱"的经营理念先后与国内外数百家知名医药健康产品厂商合作，为消费者提供《互联网药品交易许可证》允许交易范围内的万余种医药健康产品，涵盖了市面上常见的中西药、营养保健品、医疗器械、成人保健品、隐形眼镜、美容护理、孕婴用品、参茸细品等多个品类。壹药网拥有执业药师团队，为顾客提供专业的健康用药咨询服务。

自2010年至今，壹药网连续获得了"中国医药电子商务网站十强""最受欢迎医药保健类商城""医药电子商务营销先锋奖"等荣誉称号。

② 经营特色

a. 健康服务综合社区

不同于一般医药电商网站单纯的卖药服务，壹药网更注重为顾客提供专业的售前医药咨询服务和日常病症科普服务。"易诊"频道实时在线解答顾客疑问并提供治疗建议和用药指导；"健康百科"频道收罗了百余种常见病症及病因，用户可查询病因及对应的用药建议。

b. 中国家庭私人医生

区别于同类医药电商眼花缭乱的商品陈列，壹药网独家推出专题服务，内容涵盖孕婴营养、健康养生、家庭医疗器械选购、美容养颜等近百个专题。专业医师提供专业药品搭配组合建议，并能根据用户实际病情，分阶段指导用药。壹药网着力打造专业医师团队，做中国家庭的私人医生。

c. 支持手机移动购药

壹药网适应移动互联时代的特点，针对手机用户移动购药的需要开发了相应的 APP。用户根据分类信息查询可实现在线购药，也可直接扫描药品包装上的二维码进行在线购药，真正实现随需随买的便捷购物体验。

d. 社交互动客户服务

为了给顾客提供更专业、更细致的服务，壹药网开通微博、微信，成立客服小组，提供全天 24 小时实时在线咨询服务。用户关注其微博与微信，可实时在线咨询专业医师或药师相关选药、用药问题，还能不定期地领到优惠券。"问药找药找壹姐，要优惠券找壹姐，企业采购找壹姐，投诉建议找壹姐"等特有的壹姐服务，如今已成为壹药网的客服形象代表。

2015 年 8 月中国网上药店销售额排名如表 6-2 所示。

表 6-2　2015 年 8 月中国网上药店销售额排名

单位：万元

排名	店名	天猫	京东	1 号店	官网	其他	合计
1	壹药网	1500	200	1000	4000	50	6750
2	康爱多	4000	500	0	1000	0	5500
3	德开	1500	400	100	100	2000	4100
4	七乐康	2600	600	100	300	0	3600
5	健一网	2500	100	50	900	0	3550
6	好药师	500	2000	300	300	50	3150
7	华佗	1200	300	50	100	20	1670
8	德生堂	850	400	30	50	20	1350
9	海王星辰	900	200	0	100	0	1200
10	益丰	750	250	0	50	0	1050

（资料来源：天极网）

6.2　特色电商的逆袭机会

6.2.1　"赶海的螃蟹"之三亚旅游

（1）简介

退伍军人曾毅在而立之年选择了自主创业之路，成立了三亚赶海的螃蟹旅行社有限公司。创业以来，他把一家不起眼的淘宝小店发展成为海南的电商奇迹，"赶海的螃蟹"已经成为业界响当当的旅游品牌。"赶海的螃蟹"旨在为游客专项"定制"旅游服务，公司从最初的 2 人发展壮大到如今约 60 人，2014 年销售总额超过 1.5 亿元，在三亚旅游竞争白热化的市场环境中脱颖而出，成为海南本土专注网络直客市场的业界龙头。

（2）经营特色

① 从业经历丰富

曾毅曾是海南三亚某潜艇上一名光荣的潜水兵，退役后在三亚一家五星级酒店工作，由此对旅游产生了浓厚兴趣并确定了事业发展方向。当时海南大多数旅行社都只集中做线下产品，缺乏活力且运行不够灵活，他从中发现了一个巨大商机——旅游电商。2002 年，曾毅创立了自己的第一个旅游咨询网站——潮起潮落网，主要提供旅游咨询服务。然而，曾毅的旅游咨询网站并未获得成功。他在创业过程中体会到成功并非易事，摸爬滚打、成功失败几乎是每位创业者的必经之路。

② 主攻淘宝网店

在自建网站失败之后，曾毅意识到年轻人是旅游消费的主力。他于 2007 年在淘宝注册了店铺，开始针对年轻一族细致策划品牌和运作模式。此后，他很快组建了公司，专业从事网络旅游咨询、门票酒店预订、旅游路线专项定制等服务。此后"赶海的螃蟹"淘宝网店不断发展壮大，从 0 发展到 4 皇冠，好评率高达 99.99%。但是在很长的一段时间里，公司为了控制运营成本只开淘宝店，并未进驻天猫商城。

③ 定位三亚旅游

"赶海的螃蟹"定位于只做三亚旅游产品，主打在线散客市场，是它能够快速成功的关键因素之一。绝大部分海南旅游供应商都是兼营三亚与海口两大城市的旅游产品，但是"赶海的螃蟹"放弃海口旅游产品，只做三亚旅游产品。由于公司所在地就在三亚，更能对三亚旅游产品进行深度开发并提供细致服务，反而有利于将少部分产品做深、做透、做出特色。2007 年以来，公司先后 5 次"搬家"，办公室也从最初的 $20m^2$ 发展到 $350m^2$，销售额也从最初的月入千元发展到如今的月入上千万元。

④ 诚信极致服务

曾毅认为公司应该永远坚持"顾客是上帝"这一服务宗旨，体现在产品资源前期调研、客服体验、产品设计、预订交流、客户消费、后续跟进、活动推广等服务环节。曾经有一位客户通过"赶海的螃蟹"淘宝店预订了三亚某酒店的客房，当时产品注明了"酒店可上网"。客户入住酒店后投诉卖家，原因是他把"酒店可上网"理解成"酒店提供可上网电脑"，而实际上是该酒店只提供"网络"、不提供"计算机"。曾毅接到电话投诉后，直接将家里唯一的一台台式计算机送到了客户的酒店房间供其上网使用。

对于类似上述客户投诉的超常规及时处理，使"赶海的螃蟹"建立了诚信极致服务的良好口碑，为其带来了大量潜在客户。

"赶海的螃蟹"淘宝店铺截图如图 6-8 所示。

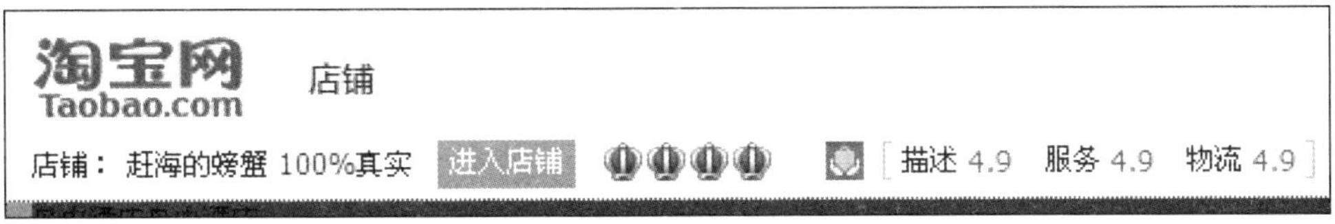

图 6-8 "赶海的螃蟹"淘宝店铺截图

6.2.2 崔大宝之姨妈枣

（1）简介

电商创业领域有一句名言——得女人者得天下，可见女性经济（她经济）是创业者的必争之地。大姨吗、美柚以女性经期管理切入，经营女性社区；"姨妈皂"从女性日常内衣清洗和健康出发，开发女性专属内衣皂。一名北漂的 90 后草根创业者崔大宝从女性经期前后的饮食调理出发，创立女性定制姨妈枣品牌——枣到了。"枣到了"姨妈枣于 2014 年 12 月公测上线，并于当月获得百万级天使投资，目前月均销售额约为 50 万元。

"枣到了"海报如图 6-9 所示。

（2）经营特色

① 自身经历找痛点

崔大宝创立"枣到了"姨妈枣是源于个人一段持续了 5 年的感情经历。回想起前女友来例假时难受的情形，他不懂得照顾，只是说"多喝热水"；而她说她不想下辈子一直"多喝热水"，她要的是受到重视。分手之后，他发现例假调理产品确实是女性的痛点和刚需，一般如果女性在经期前后注意调整作息、饮食等，可以在很大程度上减缓例假时的难受程度。由此，崔大宝选择姨妈枣开始了自己的创业。

图 6-9 "枣到了"海报

"枣到了"所经营的产品属于食品大类、干果食品小类，目标人群是女性用户。基于上述市场细分与定位，"枣到了"进一步微分市场、精准定位到姨妈枣，由此切入这一快消品市场。

②用心细致做枣品

做产品之前，崔大宝曾带着团队和地理专家、营养专家、中医专家等到山东、新疆等红枣原产地进行实地考察，最终选择了新疆天山库尔勒地区作为产品原产地。"枣到了"同时联合中医专家、当地农场果园和营养专家共同培育出适合女性经期食用、补血养颜和进行调理的姨妈枣。

枣子成熟后于每年 11 月采摘。枣子采摘后运至北京，首先经机器分拣，再由人工进行二次精拣，之后进行 3 次针刺洗，放入无菌恒温仓库，让枣子尽量自然风干，进行恒温储存。产品包装上采用桶装、拉手封口，封闭性好且方便循环利用，内附送红糖。未来，"枣到了"会以枣为核心，做枣的延伸产品，如枣干、枣茶、红枣饮料等。

③"产品+社区"来推广

"'干瘪、酸苦、怪味、超低价包邮'都已经是过去式；用户不再为省那点钱而糟践自己的身体，何况女人的地位越来越高。优秀品质、极致用户体验和超高性价比才能赢得用户，做品牌和交朋友一样都是将心比心，只有这样才能与用户一起长存。"这是崔大宝在做姨妈枣之前说的一段话。

"枣到了"主要在移动互联网上经营社交化电商，用户可通过其自营微店和分销商渠道购买。基于点对点的服务和互动社交带来的价值，"枣到了"以产品为核心、以社区为载体，与一些女性精准匹配的移动社区合作，以"产品+社区"形式进行推广。

"枣到了"微店购买界面如图 6-10 所示。

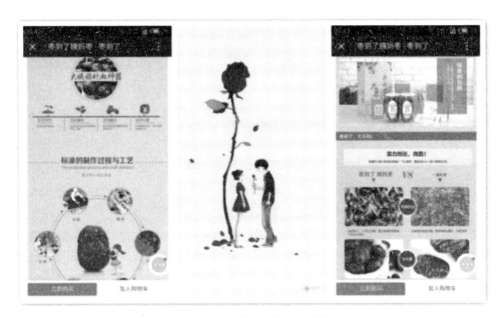

图 6-10 "枣到了"微店购买界面

④ 团队互补共创业

"枣到了"的创业团队都是 90 后的年轻人。创始人崔大宝，2011 年曾在百度实习，之后曾就职于拉手网、华艺传媒等公司，还曾担任多家公司咨询顾问。联合创始人李佳芯，负责运营和资源对接工作，曾参与施耐德电器中国区的社会化媒体推广。联合创始人莫伟佳，曾任华艺传媒高级策划，在创意落地执行、创意表现方面拥有丰富的经验。另一位联合创始人李超，有多年快消品供应链工作经历，曾在蒙牛乳业、六个核桃负责供应链管理。

具备多位联合创始人的创业团队更容易形成优势互补、克服短板、形成合力，带领企业做大做强。

6.2.3　顺丰优选之"从枝头到舌头"

（1）简介

顺丰优选是顺丰商业旗下电商平台，经营精选的特色食品，并通过开放平台引入更为丰富的商品，涵盖全球美食、3C百货、海淘商品等多个品类，不断满足消费者对于品质生活的需求。顺丰优选秉承顺丰速运的服务理念和服务优势，强调食品安全与优良品质，力求把每个购物体验环节都做到最好，提供安全、便捷和舒适的网购体验，致力于成为最可信赖的美食网购平台。目前常温商品支持全国配送，生鲜商品支持北京、天津、上海、广州、深圳等54个城市配送。

（2）经营特色

① 基于物流做电商

众所周知，顺丰是目前国内物流企业中的高端品牌，所提供的物流速度较快、价格较高、服务较好。基于其品牌效应和物流网络切入电商市场，又主打要求较高物流配送条件的生鲜电商领域，自然具备了一些天然的优势。例如，顺丰优选引入全球领先的质检认证SGS（瑞士通用公证行，世界权威检测机构之一）标准，实现从采购到销售的全流程监管；为地方特产提供从品牌包装到流通、销售的全供应链管理服务；家庭高端定制服务根据家庭需求提供不同的商品组合与服务；为企业用户提供下午茶定制化搭配方案，专车服务，每日定时送达等。

② 生鲜领域有优势

顺丰优选采用产地直采，实现源头正品保障；专业冷链存储运输，确保过程品质如一；专属物流快速送达，保持原味新鲜到家。生鲜电商领域的全程冷链物流一直是该领域最难突破的短板，顺丰优选借助顺丰速运多年在物流领域积累的全程冷链物流能力，成为国内该领域最具实力的企业之一。

③ 文化活动造声势

2014年5月，由广东省高州市政府推荐供应商、顺丰速运提供物流解决方案、顺丰优选负责销售，三方共同策划了"首届网络荔枝文化节"。顺丰优选在北上杭等城市地铁举行"荔枝尝鲜"活动，通过珍品品尝、文化百科、荔枝DIY、学做荔枝餐等文化节活动对高州荔枝进行了全方位的展示。线下活动为线上预售造势，为后续销售奠定了基础。

④ 产地直采次日达

顺丰优选与顺丰速运强强联手，为"高州荔枝"共创了"产地直供"的生鲜商品流通方式。以荔枝为例，从被采摘到送达消费者手中不超过 24 个小时，且中途无需加冰或入库冷藏，极大地降低了储运成本，这样既确保了荔枝最原汁原味的口感，又将其流通范围扩展至了全国。这种"从枝头到舌头"不超过 24 小时的流通方式，未来可以扩充至更多的生鲜品类（无论是否需要加冰或冷藏），从而成为顺丰优选的核心竞争力之一。

扫一扫，且看顺丰如何做到"从枝头到舌头"。

6.2.4 天天果园之水果电商

（1）简介

天天果园是一家基于互联网技术的现代鲜果服务供应商，成立于 2009 年 4 月，前身为传统水果商，拥有多年食品行业从业经验。天天果园精选全球鲜果美食，搭建从产地到消费者之间的直供平台，自建冷库、冷链物流，送货上门，全年无休，为消费者提供健康、绿色、优质的鲜果产品和个性化鲜果服务，倡导轻食健康生活理念。

天天果园拥有网站订购、电话订购、电视购物（东方 CJ）、企业直供（大客户定制）和实体服务点等多元供应渠道。团体大客户，可享受量身定制产品的服务。

（2）经营特色

① 主打进口水果

天天果园经营来自世界各地的优质鲜果、国内精品鲜果，以及品种丰富的鲜果礼篮礼盒、鲜果储值卡和提货券等。天天果园与各国驻沪总领事馆农贸处、水果协会紧密合作，得到最优质的水果进口渠道支持，为消费者带来更丰富的水果品种和更实惠的终端价格（普遍比超市低 20%左右）。例如，美国水果节（曾由时任美国驻华大使骆家辉先生免费代言美国大樱桃）是天天果园最具代表性的水果节，已成功举办多届；智利、新西兰和澳大利亚等南半球樱桃品种的引入，让中国的消费者可以在冬季尝鲜。天天果园的进口水果占比最初高达 80%～90%，后期才逐渐降低。

② 多重优质服务

天天果园的多重优质服务可以总结为"质优、健康、便利、快速、放心"。质优是指严格挑选富含营养、安全、果味浓郁的全球佳果；健康是指通过水果传播健康生活理念；便利是指订购、支付方式多样，简单便利；快速是指闪电宅配，自有物流可配送到指定地点，售后服务快速响应；放心是指客服响应快速、周到的售前售后服务，营造省心放心的购物体验。天天果园还在生鲜电商中率先推出了"48 小时无理由退货"的服务，服务标准远超国家法规的规定；还曾在业内首创"水果险"。

③ 超低损耗率

损耗率一直是生鲜行业竞争的关键要素之一。例如，在传统代理经销运输模式下，樱桃的损耗率高达 30%，而天天果园将这一损耗率降到了 5%。以美国樱桃为例，采摘后的樱桃立刻会进入包装厂进行预冷，将樱桃果心的温度降至零摄氏度。在此后的运输过程中让果心维持在零度，是樱桃保鲜的关键。此后将打好包的樱桃在全程冷链中经汽车运至航空港，再空运至中国进入天天果园的冷库。天天果园的冷库不仅温度要达标，还涉及地表、湿度、保温材料和通风口的控制管理，甚至水果进库后的摆放朝向和货架高度等因素都会影响到保鲜效果。天天果园的供应链管理和专业冷库储运等核心竞争力使其做到了国内水果行业的超低损耗率。

④ 苛求品质细节

天天果园在生鲜电商中专注于水果，对品质细节近乎苛求。例如，对樱桃的包装选用了日本制造的无气味原生泡沫箱，成本是市面普通产品的 3 倍；冰袋采用了储存药品的专用冰袋。曾有一批发到广州的樱桃，因为物流延误与天气闷热，导致水果新鲜度降低。天天果园召回了几百份樱桃，就地报废，重新免费补发了一批新鲜的樱桃给顾客。这一单，公司损失了近二十万元，却赢得了顾客的口碑。像奇异果、牛油果等保存时间较长的水果，天天果园还会通过甜度仪和压力计来定期检测成熟度，满足客户的不同需求。例如，天天果园曾推出"Ready to Eat"（刚好吃）的活动，确保消费者收到的水果处于最适合食用的阶段。

目前，天天果园在国内建立了上海、北京、深圳、杭州和成都 5 个分仓冷库，每个分仓可以辐射到周围的城市，目前可覆盖近 100 个城市。由此，天天果园在我国部分城市实现了"进口水果 72 小时到家"服务。

天天果园 Logo 如图 6-11 所示。

图 6-11　天天果园 Logo

思考

1. 学习上述特色电商案例，为自己的电商创业项目进行合适的定位，具体包括产品微分类目定位、产品风格特点定位、目标消费群体定位、顾客年龄层次定位、产品价格区间定位等。

2. 学习上述电商的逆袭方法，分析已有条件，寻找市场空档，在特定的微分市场中寻找商机，修炼自身的核心竞争力，寻找逆袭的机会。

CHAPTER7

第7章
电商创业的切入与突破

概述 本章通过杨梅酒、信物、女包、微创新4个案例介绍当今电商创业的切入路径；通过品牌特卖、潮品电商、手机游戏、商业模式4个案例分析电商创业的突破方法。

要点

1. 自媒体电商之吴酒
2. 专一信物之 roseonly
3. 轻奢女包之 Mansur Gavriel
4. 微创新之 C&A Marketing
5. 品牌特卖之唯品会
6. 潮品电商之有货
7. 手机游戏新贵之 Supercell
8. 商业模式之川航免费巴士

Chobani：从 0 到 10 亿美元

Chobani 是一家专注于健康概念的希腊酸奶品牌，由 Humdi Ulukaya 创建于 2005 年。Ulukaya 在土耳其长大，他到美国之后发现美国没有他最爱吃的希腊酸奶。于是，他贷款买下一个倒闭的酸奶厂，靠着一些不那么传统也不那么昂贵的市场营销方式开始推广他的酸奶。

他仅用了 7 年时间就创造了 10 亿美元的年营业收入额，其品牌估值也高达 50 亿美元。这是一起非常成功的品牌塑造案列，Chobani 主要依赖以下几点获得口碑与销量的双赢局面。

（1）清晰的产品定位

【多一点美好，Just Add Good】

Chobani 的产品定位是 "Just Add Good"（多一点美好）。

如今，年轻人好以"吃货"自居，同时也有越来越多的"吃货"开始关注"如何吃得健康"这个话题。Chobani 聪明地把自己的酸奶定义为"多一点美好"，即在享受美食之余，加一点"美好"。于是"Just Add Good"这个产品定位孕育而生。

（2）极富创意的广告

【棕熊硬闯便利店，只为一盒酸奶！】

这条非常有"大片范儿"的广告就是 Chobani 众多创意广告中最受热捧的一个。

扫一扫，且看棕熊如何爱 Chobani 酸奶。

（3）社交营销及口碑效应

Chobani 的创始人 Ulukaya 是一位社交媒体达人。他灵活利用 Facebook、Twitter 和 Pinterest，用最低的成本使他的产品活跃在消费者视线内。《企业家》

曾报道 Chobani 有一个 5 人团队专门负责数字媒体和社交媒体。

① Facebook

Chobani 在 Facebook 上发布包含产品推广、公司文化、顾客疑问及包含 Chobani 产品食谱等一系列内容。比如来自 Chobani 的如何用酸奶进行烘焙的秘诀，与消费者形成了深度的互动。如果有人赞扬了 Chobani，Chobani 就会感谢并鼓励他们进行分享。Chobani 产品的透明度令人称道，与此同时他们也积极地倾听来自消费者的声音，如"黑莓"这个卖得最火的口味最开始就是来自于一位顾客的建议。

② Twitter

Chobani 在 Twitter 的更新曾围绕"返璞归真"活动进行——"真实让每一口都意味非凡，打开，搅拌，然后获得满满的真实。"平常的内容在 Twitter 上并不受欢迎，他们发起一些易于产生对话的话题，如"你觉得吃什么最符合春天的氛围？"等。另外，创意的表现也是值得鼓励的，有超过一半的用户使用移动设备登录 Twitter，他们中间的很多人使用 Twitter 浏览新闻、进行娱乐。所以，内容除了具备教育性之外，还要确保它们易于阅读、且为互动预留空间。

③ Pinterest

Chobani 加 Pinterest 是产生病毒性传播内容的绝佳组合。从"返璞归真"到"与 Chobani 一起烘焙"到"口味风暴"及"Chobani 在厨房"，整整 25 个板块 Chobani 为不同类型的人准备了不同的内容。在 Pinterest 上创建不同的版块至关重要，这表明 Chobani 关注到 Pinterest 上与品牌关联的各种类型的人，关注健康与健身的顾客、家庭主妇及其父母等。全方位考虑并理解目标消费者的兴趣是在以图片为基础的平台上取得成功的关键。

Chobani 算是酸奶界中小品牌成功逆袭大品牌的经典案例。创始人没有钱也没有背景，只能一门心思花在一些不那么昂贵的推广方式上，用心的态度和高质量的内容成功获得消费者的关注，完胜雀巢、绿巨人等食品大鳄。这一点足以证明，社交媒体是以"人"为核心的，凡是尊重消费者、满足消费者需求、照顾消费者感受的品牌，就有创业成功的可能！

（注：本文根据品牌几何研究案例改写而成）

讨论

　　根据上述电商创业案例，为自己的创业项目规划"切入点"与"突破口"，认真思考每一分钱的使用方式，仔细研究每一款产品，用心开发每一项功能，专心设计每一个包装，尽心服务每一个顾客……

7.1　研判市场觅商机

　　市场起源于古代人类对于固定时段或地点进行交易的场所的称呼，指买卖双方进行交易的场所。发展到现在，市场具备了两种意义：一种意义是交易场所，如农贸市场、股票市场、期货市场等；另一种意义为交易行为的总称，即市场一词不仅仅指交易场所，还包括了所有的交易行为。

　　商机无论大小，从经济意义上讲一定是能由此产生利润的机会。商机表现为需求的产生与满足的方式上在时间、地点、成本、数量、对象上的不平衡状态。旧的商机消失后，新的商机又会出现。没有商机，就不会有"交易"活动。

　　电商发展至今，在大部分的市场细分领域，竞争已经相当激烈，难以找到切入点与突破口。但是，市场总是处于不断变化之中，商机也在上述变化中若隐若现。如今，但凡成功的创业者大多是依靠严密的思考研判商机，而不是像以往那样靠运气、凭经验进行创业。电商创业者还可以借助大数据进行研判，更是增加了研判的科学性和严谨性。以下从市场切入和突破角度选取典型代表案例进行解析。

7.1.1　杨梅酒之吴酒

（1）简介

　　据《本草纲目》记载，杨梅具有"生津、止渴、调五脏、涤肠胃、除烦愦恶气"的功效，实为老少皆宜的佳品。杨梅酒是由杨梅、白酒和冰糖按一定比例制作而成的，味香甜，含葡萄糖、果糖、柠檬酸、苹果酸及多种维生素，我国江南一带用杨梅酿酒已有 3000 多年的传统。

　　吴晓波，1968 年生，毕业于复旦大学新闻系，著名财经作家，"蓝狮子"财

经图书出版人，2009 年被《南方人物周刊》评为年度"中国青年领袖"，2014
开办自媒体"吴晓波频道"（包括视频、音频、微信公众号等），目前该节目已经
成为国内最大的财经自媒体节目之一。

1999 年，吴晓波在千岛湖买下了一座小岛（50 年租赁权），在岛上建立私人
山庄，种了 4000 棵杨梅树；2015 年，吴晓波与品蓝国际（专业酒商）合作，利
用自己在岛上私人山庄种植的杨梅酿造杨梅酒，命名为"吴酒"。吴酒通过吴晓
波频道对外发售，已经成为国内最具知名度的杨梅酒品牌。

吴晓波私人山庄种植的杨梅如图 7-1 所示，吴酒如图 7-2 所示。

图 7-1　吴晓波私人山庄种植的杨梅

图 7-2　吴酒

（2）经营特色

① 打造优良品质

吴晓波在岛上所种的杨梅树从未喷洒过农药，每一颗杨梅都是手工采摘，精心挑选。在吴酒的酿制过程中，品蓝国际成立了专门的策划团队投入到吴酒的开发制作中。团队结合传统古法酿制，同时联系了几家国外的百年庄园，学习他们果酒的酿造经验，并具体实施于吴酒的制作之中。古法酿制最大的秘诀就是考究，包括对容器、温度等各个环节都有讲究。吴酒只选取成熟度最好的杨梅，并配以最好的白酒酿制，经过几个月的不断调整，最终获得了令人欣喜的上佳口感。普通的杨梅酒中杨梅和酒的比例是 1∶2.5～1∶2，吴酒将这个比例升高到了 1∶1.5，在加重杨梅味的同时降低了酒精浓度，使得口感更加柔和。

② 精心设计包装

吴酒的瓶身设计温婉恬静，独有的江南风韵与吴晓波的个人气质十分吻合。吴酒的质感礼盒设计采用环保牛皮纸，令吴酒更具"古法、手造"之感，"吴"风尤其突出，同时内含吴晓波的亲笔之作《把生命浪费在美好的事物上》。此外，酒盒上一共设计了 5 款酒标，分别融入了最为经典的 5 句"吴晓波语录"。吴酒在售卖的过程中重点突出"随缘发送"的概念，让客户更为期待收货时的那一份小小的不确定与惊喜。

吴酒瓶身设计如图 7-3 所示，吴酒礼盒设计如图 7-4 所示，吴酒酒标设计如图 7-5 所示。

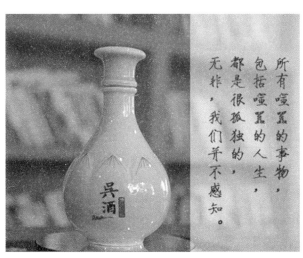

图 7-3 吴酒瓶身设计

图 7-4　吴酒礼盒设计

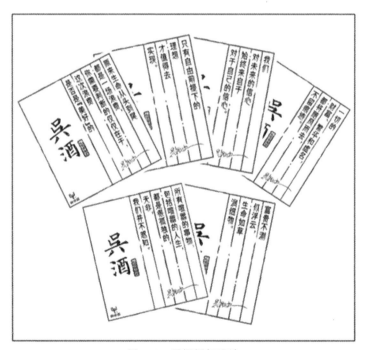

图 7-5　吴酒酒标设计

③ 亲自视频宣传

吴晓波是国内最为著名的财经作家之一，利用吴晓波频道的用户特性（70%以上为男性，且超过 50%集中在北上广和江浙地区，以经济发达地区的成熟男性为主），辅以新作《把生命浪费在美好的事物上》的发布，他还亲自拍摄了用自己的名字命名的"吴酒"宣传视频。此后，相关推广在吴晓波频道的所有渠道铺开，迅速预热了市场。

扫一扫，且看吴晓波如何宣传吴酒。

④ 限量限时抢购

2015 年 6 月，吴酒在吴晓波频道发售，每人限购 3 瓶（每瓶单价 199 元），在 33 个小时里限量售出了 5000 瓶；2015 年 10 月，吴晓波频道预售 2016 年春节期间的吴酒，限时 72 小时售出 21000 多瓶，在预售的 72 小时内就有 20 多个渠道商要求代理吴酒。据此，吴晓波估计两年内吴酒公司（吴酒的生产企业）会成为全国最大的杨梅酒生产企业。

7.1.2 信物之 roseonly

（1）简介

被作为凭证的物品称为信物。在古代，会以情书、诗歌、器具、香囊、同心结等作为信物；在现代，信物的种类则变得五花八门，例如玫瑰、戒指、项链、饰品等。在人们心里，信物与爱情通常都是密不可分的。

roseonly（诺誓）是一个高端玫瑰及珠宝品牌，于 2013 年 1 月 4 日（谐音为"爱你一生一世"）上线，专注于打造爱情信物，以"一生只送一人"为理念，打造鲜花玫瑰、永生玫瑰、玫瑰珠宝三大主线系列，注册后绑定指定收礼人，终生不能更改，以"信者得爱，爱是唯一"为主张，用万里挑一的奢侈玫瑰、高级手工玫瑰珠宝，献给相信真爱的情侣。

（2）经营特色

① 产品足够奢华

鲜花玫瑰采自厄瓜多尔玫瑰园，沐浴 365 天的阳光和雨水、长达 21 天花期、1.5 米的花枝、3 英寸的罕世花蕾。永生玫瑰采用高科技处理，将鲜花经过脱水、保色、干燥等 109 道复杂程序、持续 60 天精密制作而成，色泽、性状、手感与鲜花无异，它既保持了鲜花的特质，也可以更长久地盛开。玫瑰珠宝从经典玫瑰图样中汲取灵感，以 18K 白金、玫瑰金搭配缅甸天然红宝石，在指间、腕间、颈间绽放。上述产品足够奢华，不同于市场上的一般产品，具备了奢侈品的特性。

② 概念足够新颖

roseonly（诺誓）斗胆制定了"一生只送一人"的离奇规则，roseonly 不仅为找到真爱的人们提供"一生仅送一人"的爱情信物。此外，姐妹品牌 loveroseonly 延续鲜花奢侈品理念，悉心打造花一样的美好生活方式，以高端鲜花、永生玫瑰、浓情礼品，满足送爱人、送亲人、送朋友的美好愿望。每一款 roseonly 的产品都配有唯一真爱证明卡（内附唯一二维码），收礼人扫码可倾听送礼人的"爱语"。roseonly 为每个节日度身定制了"男神送花"的福利，2013 年圣诞节邀请张亮、2014 年圣诞节邀请吴亦凡、2015 年情人节邀请李晨担任"玫瑰特使"，亲自为粉丝递送爱意与惊喜。

扫一扫，且看 roseonly 组织的 2014 年情人节外国模特送花活动。

③ 明星造势推广

李小璐、贾乃亮、杨幂、林志颖、章子怡、汪峰等上百位明星都曾在重要的场合送出或收到 roseonly 信物。2013 年情人节，李小璐收到贾乃亮送的 roseonly 朱砂红玫瑰，感动之余在微博上高调晒甜蜜。2013 年白色情人节，杨幂收到象征着"历经世事而初心依旧"的 roseonly 初心白玫瑰。2013 年 7 月，林志颖选择 roseonly 玫瑰表白心意，向热恋多年的女友陈若仪浪漫求婚。2015 年 2 月，汪峰选择 roseonly 玫瑰向章子怡求婚。

④ 勇担社会责任

roseonly 为"芭莎明星慈善夜"（明星慈善品牌活动）设计"dearest 最亲爱的"永生花书，每销售一盒 dearest 永生花书，roseonly 都会向"芭莎明星慈善夜"捐赠固定比例的销售金额，用以推动"思源救护""希望教室""乡村幼儿园""儿童大病救治"以及"一杯干净水"这 5 个公益慈善项目。roseonly 加盟"粉红丝带"（全球乳腺癌防治活动的通用标识）运动，通过与明星大使合作，设计

"粉红之花"，每售出一盒，roseonly 会向"中国乳癌基金"（粉红基金）捐赠销售固定比例的收益，用于乳腺癌防治的宣传推广与患者救治。roseonly 与嫣然天使基金（由李亚鹏、王菲倡导发起的唇腭裂患儿治疗专项公益基金）合作，设计"嫣之花"系列，每一束"嫣之花"在销售后都将捐赠固定比例的收益给予嫣然天使基金，为唇腭裂儿童提供帮助。

roseonly 产品示例如图 7-6 所示。

图 7-6　roseonly 产品示例

7.1.3　女包之 Mansur Gavriel

（1）简介

Mansur Gavriel（曼苏丽尔）于 2012 年创立于美国，是知名的轻奢包袋品牌。Mansur Gavriel 品牌奉行以"自然、简洁、百搭"为本的设计理念，包袋内部采用色彩鲜艳的涂层设计，外表简约内敛、低调华丽。皮革原料均来自于全球最精湛的制革工艺产地——意大利，皮革纤维组织紧实、板面丰满、柔韧性强。该品牌凭借独创的水桶包设计而走红，曾一度让众多大牌明星、时尚博主及潮流达人趋之若鹜。像克里斯汀·邓斯特（Kirsten Dunst）、亚历山大·安布罗休（Alessandra Ambrosio）、米兰达·可儿（Miranda Kerr）等不少国际大牌明星都是 Mansur Gavriel 的忠实粉丝。

（2）经营特色

① 草根青年合伙创业

Mansur Gavriel 品牌的创始人是美国姑娘 Rachel Mansur 和德国姑娘 Floriana Gavriel。两位姑娘在 2010 年洛杉矶一场音乐节上相遇，共同的话题——"好看的包"让她们走到了一起。她们创业的初衷就是因为买不起 LV（路易·威登）、爱马仕等奢侈品牌的包袋。她们发现好看的女包要么大牌奢侈买不起，要么千篇一律满大街。更难能可贵的是，她们决定创业挑战大牌，做自己喜欢又价格实惠的女包。

毕业于美国罗德岛设计学院纺织专业的 Mansur 辞去了在纽约的设计师助理工作，曾在 Anna Sui（著名时装品牌）、Lanvin（高级时装品牌）工作过的 Gavriel 也从柏林搬到了纽约。两位草根青年由此开始了创业之路。

Rachel Mansur 与 Floriana Gavriel 如图 7-7 所示。

图 7-7　Rachel Mansur 与 Floriana Gavriel

② 慢工细活制作严谨

她们花了两年时间研发，将所有的钱都花在设计与制作上。2012 年品牌创立，直到 2013 年才发布两款包——拉绳水桶包和经典托特手袋。Mansur Gavriel 女包在设计上非常简单，给人的第一印象是简单到极致，清一色的皮革，没有任何多余装饰物，甚至没有 Logo（品牌标识），最大的标志性特征可能就是外皮和内衬的大撞色了（黑配红、棕配蓝）。Gavriel 则以其德国人骨子里的严谨和"顽固"使 Mansur Gavriel 女包的质量经得起考验，并且 Mansur Gavriel 女包全部在意大利制造。

Mansur Gavriel 水桶包如图 7-8 所示。

图 7-8　Mansur Gavriel 水桶包

③ 轻奢品牌性价比高

Mansur Gavriel 定位于轻奢品牌，但在品质上绝对不输给奢侈品牌。经过
Mansur 的精挑细选，Mansur Gavriel 女包所用的皮革全部来自意大利，用的都是
植物鞣革，延伸性小、成型性好，板面富有弹性，并且随着使用年限的增加，颜
色会加深。品牌价格介于 400 美元至 1000 美元之间，不到国际一线奢侈品牌的
1/4。虽然价格不算便宜，但是品质确属上乘，"性价比高"还是为 Mansur Gavriel
赢得了众多追求时尚的女性客户。

④ 款款限量饥饿营销

2013 年，Mansur Gavriel 售出第一款水桶包 Flamma，被一位时尚博主发现
并大事宣扬。同年 9 月的纽约时装周上，Mansur Gavriel 被刷爆，成为时装编辑
和街拍明星的必备单品。2014 年年底，Mansur Gavriel 宣布开始在线销售后不到
一个小时，就卖掉 95% 的库存，刷新了电商界不到一分钟就全线售罄的纪录。
2015 年，仅在 Lyst（某时尚社交购物网站）上就有 5.6 万多人去抢购 Mansur
Gavriel 水桶包，这是其他水桶包品牌需求量的 30 倍。

虽然卖到断货、一包难求，但 Mansur Gavriel 一直没有大幅度提高产量，而是保持一贯的生产节奏，保证质量，款款限量发售。在社交网站上，如果有人晒出自己抢到的 Mansur Gavriel 女包，立马就会招来各种"羡慕嫉妒恨"，激发更多人的购买欲望。饥饿营销在此演变成了由消费者免费推广的社交营销；拥有超高人气的时尚博主、明星、超模们更变成了 Mansur Gavriel 的免费推广渠道。

以上3个案例的切入点是3项历史悠久的传统产品——杨梅酒、信物与女包，以下这个案例的切入点则是从用户的产品评论中通过微创新找到新产品的开发方向。

 相关链接

大数据与云计算

大数据（Big Data），是指无法在可承受的时间范围内用常规软件工具进行捕捉、管理和处理的数据集合，是需要新处理模式才能具有更强的决策力、洞察发现力和流程优化能力的海量、高增长率和多样化的信息资产。

麦肯锡全球研究所定义的大数据是一种规模大到在获取、存储、管理、分析方面大大超出了传统数据库软件工具能力范围的数据集合，具有海量的数据规模、快速的数据流转、多样的数据类型和价值密度低四大特征。

云计算（Cloud Computing）是基于互联网的相关服务的增加、使用和交付模式，通常涉及通过互联网来提供动态易扩展且经常是虚拟化的资源。云是网络、互联网的一种比喻的说法。过去在图中往往用云来表示电信网，后来也用来表示互联网和底层基础设施的抽象。因此，云计算甚至可以让你体验每秒10万亿次的运算能力，拥有这么强大的计算能力可以模拟核爆炸、预测气候变化和市场发展趋势。用户通过电脑、笔记本、手机等方式接入数据中心，按自己的需求进行运算。

美国国家标准与技术研究院（NIST）定义的云计算是一种按使用

量付费的模式，这种模式提供可用的、便捷的、按需的网络访问，进入可配置的计算资源共享池（资源包括网络、服务器、存储、应用软件、服务），这些资源能够被快速提供，只需投入很少的管理工作，或与服务供应商进行很少的交互。

7.1.4 微创新之 C&A Marketing

（1）简介

总部位于美国新泽西州的 C&A Marketing 创立于 2003 年，是一家比较另类而且神秘的电商公司，其报道鲜见于媒体。公司创始人 Chaim Pikarski 是一个犹太人，公司员工也大多是犹太人。公司除美国外，还在英国和中国设有办公室，借助亚马逊、易贝等第三方平台销售超过 5 万多种产品。公司旗下拥有众多品牌，产品品类从照相器材、音箱、沙滩产品到厨房用品，应有尽有，年销售额上亿美元，年增长率达到 30% 以上。

（2）经营特色

C&A Marketing 大概有 100 多个买手，这些买手每个人都会专注于一个产品品类，例如音箱等。买手们通过在亚马逊等网站获得用户对产品的评论，从用户评论中挖掘灵感。比如有的用户在某款音箱产品下评论希望音箱能够防水、不用直接电源、便于在淋浴时收听广播。C&A Marketing 的买手看到这类用户评论后，根据自己的判断，同时借助一些大数据分析工具分析这类信息。如果觉得有商机，他们就会设计出样品，找到生产厂商生产出少量样品。此后，他们会在亚马逊等平台售卖少量样品，然后直接和购买者沟通，通过购买者反馈不断改进产品。如果销量好，就大批量生产售卖；如果销量不好，就砍掉这个产品。

C&A Marketing 不断在亚马逊上挖掘用户对产品的评论，从评论中找到商机，然后通过微创新设计出新的产品，再配以新的品牌售卖，如此循环发展壮大。如 C&A Marketing 的某款蓝牙无线防水音箱在亚马逊上的售价为 49.99 美元，估计是在中国贴牌生产，由于缺乏同类产品的竞争，利润空间巨大。这类产品 C&A Marketing 生产了很多系列，包括淋浴时候听的音箱、泡澡时候听的音箱、游泳时候听的音箱等。

C&A Marketing 某款蓝牙无线防水音箱如图 7-9 所示。

图 7-9　C&A Marketing 某款蓝牙无线防水音箱

7.2　激烈竞争求突破

我国的电商市场竞争已经非常激烈，同质化现象异常严重。仅仅是一个"凡客携手李宁清库存"的举动，就能引发"电商扎堆品牌特卖、唯品会模式成红海"的讨论。在这种宏观背景下，各家电商都使出浑身解数，力求在激烈竞争中脱颖而出。以下通过 4 个案例分析它们的突破之道。

7.2.1　品牌特卖之唯品会

（1）简介

唯品会于 2008 年创立于广州，定位于"一家专门做特卖的网站"，每天超过 100 个以上品牌授权特卖，确保正品、确保特价、限量抢购。唯品会商品囊括时装、配饰、鞋、美容化妆品、箱包、家纺、皮具、香水、3C、母婴用品等，以低至 1 折的深度折扣及充满乐趣的限时抢购模式，为消费者提供一站式优质购物体验。

唯品会率先在国内开创了特卖这一独特的商业模式，加上其先进的供应链管理以及与电子商务的无缝对接，得以在短时间内迅速发展壮大。唯品会 2015 年净营收达 402 亿元，连续 13 个季度实现盈利。

（2）经营特色

① 从奢侈品到名品

唯品会早期主营奢侈品限时特卖，所售商品单价大多在 1000 元以上，但这个定位在唯品会创立仅仅 3 个月后就放弃了。因为唯品会在经营中发现奢侈品销量十分有限，难以覆盖运营成本，遂果断转型为名品限时特卖。此后，唯品会迅速扩张，现有会员已突破 1 亿，合作品牌超过 11000 多个，其中全网独家合作品牌 1400 多个。从奢侈品到名品，大大扩充了唯品会的货品来源，为其做大做强奠定了基础。

② 从大中城市到中小城市

唯品会的目标市场早期主打大中城市，后来在经营中发现大中城市的消费者对款式比对价格更敏感，这一主打市场不符合网站名品限时特卖的定位，因为许多名品正是因为款式更新才进入折扣市场特卖。唯品会随即调整目标市场，将主打市场定位为中小城市，并迅速获得了这些市场消费者的青睐。数据显示，在唯品会的市场分布中，一线城市（北上广深）占比约为 13%，二、三线城市（省级和地级市）占比约为 60%，四线城市（县级市和乡镇）占 20%多。从大中城市到中小城市，避开红海找蓝海，是唯品会的另类发展路径。

③ 库存特卖觅商机

有数据显示，我国每年服装市场的规模在 2 万亿元以上，而库存是服装行业的核心问题之一。即使在美国，成熟的服装品牌通常在一季售后仍有约 20%的库存比例。对于寻求库存销售渠道的服装品牌商来说，唯品会是不错的合作伙伴之一。唯品会的限时特卖营造了商品的稀缺性，在刺激消费者购买欲望的同时也维护了品牌的线下价格体系；而折扣价格让中小城市的消费者能够及时接触到平常无法通过实体商家购买的品牌商品。

④ 女性之间再传播

数据显示，唯品会的女性用户比例高达 80%左右，用户复购率高达 80%以上。唯品会凭借特卖模式成功跻身我国电商巨头行列，提供的"逛街式"（不设搜索框）购物体验，满足了女性特定的购物需要。研究表明，中国女性参与社交讨论的比例已经从 40%提升到了惊人的 79%。女性喜欢在朋友圈晒美食、旅游、装扮，社交属性要求商品必须能有晒的资本，必须能够满足女性用户喜欢传播的心理。唯品会的女性消费者不经意间的社交举动，却成就了其品牌的传播和产品的推广。

唯品会关于中国新女性购买话语权的研究数据如图 7-10 所示。

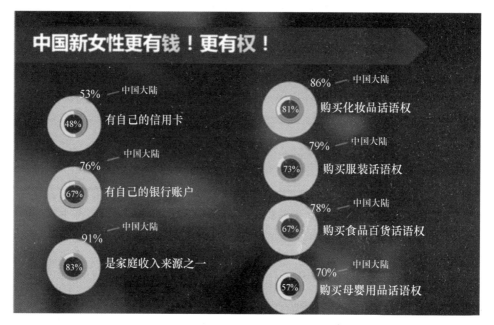

图 7-10　唯品会关于中国新女性购买话语权的研究数据

7.2.2　潮流商品之有货

（1）简介

有货是依托 YOHO 社区所开发的 B2C 网络商城，致力于打造中国最大的网络分销 B2M（Business to Marketing，指面向市场营销的电子商务）商圈，由南京新与力文化传播有限公司在 2009 年投资创立。有货是全球年轻人的流行商品购物平台，与平面媒体《YOHO！潮流志》及 YOHO 网络社区互为依托，目前已经成为中国最大的流行品牌网络销售平台。有货所销售的品牌均与品牌直接签订销售协议，保持货品与国际国内实体店铺同步，并通过独家定制、限量货品等方式引领潮流消费。

（2）经营特色

不同于淘宝的聚众电商（卖所有东西给所有人）模式，有货属于分众电商（卖所有东西给一类人）模式。分众电商也不同于乐蜂网的垂直电商（卖一类东西给所有人）模式，不专注于鞋、书或化妆品等某一品类，而是专注某一类人群，如有货专注于潮流人群的所有需要。有货凭借"分众电商"的商业逻辑，已经实现盈利。它依靠潮流兴趣聚拢潮流人群，为上述人群提供包括潮流购物、潮流资讯、潮流分享、潮流活动的生活方式，以高比例的用户黏性、品牌溢价等组合轻松实现盈利，这为电商的发展方向提供了新的思路。

日本的 ZOZOTOWN 和英国的 ASOS 是在有大平台电商网站存在的情况下发展起来的先例。数据显示，有货的重复购买率已经达到 67%，网站的季度回头率也达到了 44%。有货团队认为分众电商可以在大平台电商的夹击中突破，具有长期的生命力。

有货宣传海报如图 7-11 所示。

图 7-11　有货宣传海报

7.2.3　手机游戏之 Supercell

（1）简介

Supercell（超级细胞）公司是由 Ilkka·Paananen（埃卡·潘纳宁）和其他 5 位联合创始人共同创立于 2010 年的游戏工作室，总部位于芬兰。在 2012 年 11 月，该公司成为了 APP Store 中收入最多的游戏发行商，而且是仅靠两款游戏：Hay Day（《卡通农场》）和 Clash of Clans（《部落冲突》）。其中，Clash of Clans 占据 APP Store 游戏收入排行榜前三名的位置长达半年多。仅仅依靠两款手游，该公司的收入从月营收 70 万美元迅速增长到了日营收 250 万美元，创造了手游开发商的先例。Supercell 公司 2013 年营收为 5.7 亿美元，2014 年营收为 17 亿美元，2015 年营收为 23.26 亿美元，公司估值已经超过 55 亿美元。

（2）经营特色

① 资深人士联合创业

Supercell的6位联合创始人都是游戏界资深人士，都曾在像Digital Chocolate和Remedy这样的大公司工作过，6个人曾在12个平台累计推出过超过165款游戏。他们有着相似的背景，因此决定共同创业来实现自己的理想。就这样，6个志同道合的人一起靠芬兰政府的借款创立了一家小小的游戏公司。仅仅在6年之后，这家公司就被外媒评为全球最受尊重的游戏公司第一名，更是凭借23.26亿美元的年收入成为芬兰的纳税大鳄，且公司的高管们包揽了芬兰个人纳税额前五名。

② 有舍有得迈向成功

Supercell最初是一家开发网页社交游戏的公司。2011年之后，Supercell认为iPad兼具技术性、移动性和便捷性，才转向iPad平台的游戏开发。此后开发的《卡通农场》（Hay Day）专门为iPad进行了优化，立即受到了玩家们的欢迎，而且长期停留在APP Store游戏收入排行榜前十名之内。《部落冲突》（Clash of Clans）游戏是Supercell最成功的游戏，受到了全球各个国家很多玩家的欢迎。此后，公司还开发了《海岛奇兵》（Boom Beach）与《皇室战争》（Clash Royale）两款游戏。《皇室战争》是Supercell于2016年3月全球正式发布的第四款游戏，游戏一经推出即获得了苹果公司的全球推荐，成为美国iOS收入榜冠军和中国iOS收入榜第二名。

在这4款游戏获得巨大成功的背后，是Supercell放弃了其他14款失败的游戏，包括一款月MAU（月活跃用户数量）已经超过50万的游戏。他们认为放弃并不可惜，更不可耻。当发现产品缺乏成功保证时还继续对其投入，才是最大的资源浪费。为了1款产品的成功，他们愿意背负N款产品的失败。

 相关链接

全球移动设备高速增长

移动设备毫无疑问是目前处于全球第一位的游戏硬件平台，根据APP Annie（应用数据与分析平台）预测，全球智能手机和平板电脑保有量将由目前的26亿增长至2020年的62亿。

③ 国际化小团队研发

相对于 Supercell 取得的骄人成绩，180 个员工规模令人难以置信，因为竞争对手的员工规模大多在千人以上，甚至接近万人。Supercell 的理念是找到优秀的人才来打造优秀的游戏，废除繁杂的管理制度。Supercell 的员工来自超过 30 个国家，在不同地域文化的交流碰撞里，为其产品的全球化打下了基础。公司内部约 10 人一组，独立运作，完全控制自己的研发进度；各个小组互相之间非常透明和开放，和所有人共享数据。手机游戏是一个竞争激烈的领域，Supercell 产品的成功率也仅为 22.2%。因此小组式的研发架构使得局部的失败对于大局的影响变小，从而使这种失败风险对公司变得可以承受。Supercell 认为每一个小组成为 Cell（细胞），公司就成为了 Supercell（超级细胞）。

④ 活跃用户数量过亿

2010 年，Supercell 的首款产品宣告失败；2016 年，全球每天有 1 亿人在玩它的游戏，其中一款名为《部落冲突》的游戏成为全球最成功的手机游戏，年收入仅次于《英雄联盟》。2010 年，Supercell 以暴雪（著名网络游戏开发商）为榜样；2016 年 Supercell 被玩家称为"手机游戏中的暴雪"，其每一款产品的创意玩法都被无数厂商争相模仿，足以成为手机游戏发展史上的里程碑。2016 年 3 月 7 日，Supercell 意外公布了一条祝贺视频，宣布旗下 4 款手机游戏产品的累计 DAU（日活跃用户数量）超过 1 亿人。以 Supercell 目前日活跃用户为 1 亿人的数量推算其月活跃用户数量约在 3 亿人左右，这在全球范围内来看都是一个天文数字，仅有腾讯、King（著名游戏开发商）两家公司能与其并驾齐驱。

扫一扫，且看 Supercell 对全球玩家的万分感谢。

7.2.4 商业模式之川航免费巴士

（1）简介

四川航空公司（以下简称川航）购置了 150 台休旅车，在成都机场为购买了川航五折以上机票往返成都的乘客提供 24 小时机场往返成都市区任何地点的免费接送服务。由于车辆选用 8 座商务车，坐满乘客即发车，比机场大巴更能节省乘客的等待时间，还可以为乘客节省约 150 元的出租车打车费用，自然大受乘客欢迎。那么问题来了，资源投入各方如何盈利呢？事实上，此举为汽车厂家带来了体验式广告渠道，为司机带来了稳定的客源线路，为川航大幅拉升了机票销量，堪称资源整合的经典之作。

（2）经营特色

① 体验式广告渠道

车厂从中获得了体验式广告渠道。川航一次性从风行汽车订购 150 台风行菱智 MPV 休旅车，要求挑选高品质的商务车作为旅客航空服务班车来提高川航陆上航空服务的水平。原价每台 14.8 万元的 MPV 休旅车，川航要求以 9 万元每台的价格集中一次性购买 150 台。同时，川航给风行汽车的条件是川航将要求司机在载客途中向乘客介绍车辆优点与车商服务，即在乘客的车辆乘坐体验中顺道帮风行汽车做广告。以每一台车可以载 7 名乘客（该车为 8 座商务车），以每天 3 趟往返计算，150 辆车一年带来的广告受众近 230 万人次（$7 \times 3 \times 2 \times 365 \times 150=2299500$）。正是因为每年超过 200 万人次的受众群体、体验式的广告渠道，使风行汽车愿意折价向川航出售 150 台休旅车。

② 稳定的客源线路

司机从中获得了稳定的客源线路。川航向社会征召上述免费巴士司机，并迅速获得了许多原出租车司机的响应。因为四川大部分的出租车司机需要先缴纳一笔和车价相当的保证金才能开始运营，而且只获得出租车的使用权，不具有所有权。川航以一台风行菱智 MPV 休旅车 17.8 万元的价格向征召的这些准司机出售车辆（司机可获得所有权），并以搭载每位乘客 25 元的标准向他们支付劳务报酬。司机为什么愿意以高于市场价格向川航购买车辆呢？因为对司机而言，比起一般出租车"扫马路"找客，川航为他们提供了一条客源稳定的路线。这样的条件当然能吸引到许多司机来应征，因为这 17.8 万元还包含了稳定客源、特许经营和统一管理等费用。

③ 川航成为大赢家

川航从中获得的利益可谓最多。首先，川航仅从车辆进销差价即可获利 1320 万元（$(17.8-9) \times 150=1320$）；其次，川航平均每天线上线下多售出了约 1 万张机票；再次，150 台印有"免费接送"字样的休旅车每天在成都市区与成都机场之间往返，为川航进行了品牌传播；最后，川航在与车商签约期满之后还可以通过车体广告出租盈利。

据不完全统计，川航的上述免费巴士模式每年可以为川航带来超过 1 亿元的营收。

川航免费接送巴士如图 7-12 所示。

图 7-12　川航免费接送巴士

思考

1. 结合上述案例中的切入点与突破口，为自己的电商创业项目找到一个切入点与一个突破口。注意切入点要"小"，突破口要"准"，争取集中全力打准、打狠、打快。

2. 结合上述案例，在资源整合的过程中考虑各方的既有资源和短板不足，设计一个利用各方资源、补齐各方短板，投入可接受、收益可共享的商业模式。

CHAPTER8

第8章
风险投资的概述与案例

概述

本章通过风险投资的概念、发展和运作3个方面的内容介绍风险投资；通过真格基金投资聚美优品、今日资本投资京东、软银投资阿里巴巴3个案例介绍风险投资助推电商成功的经典。

要点

1. 风险投资的概念
2. 风险投资的发展
3. 风险投资的运作
4. 真格基金之聚美优品
5. 今日资本之京东
6. 软银之阿里巴巴

彼得·蒂尔与雷德·霍夫曼

彼得·蒂尔（Peter Thiel）1964 年出生于德国，后移民美国，是一位国际象棋天才，12 岁时就在全美排名第七。他毕业于斯坦福法学院，1996 年成立 Thiel Capital，2002 年更名为 Clarium Capital，公司拥有的资产达 55 亿美元。

彼得·蒂尔被誉为"硅谷创投教父"、硅谷的天使、投资界的思想家。1998 年与他人共同创办 PayPal，2002 年将 PayPal 以 15 亿美元出售给 eBay，把电子商务带向新纪元。在此笔交易中，彼得·蒂尔个人获利 6000 万美元。2004 年他成立了软件公司 Palantir 并担任董事会成员，该公司服务于国防安全与全球金融领域的数据分析。2005 年，蒂尔联合创办了 Founders Fund 基金，为 LinkedIn、Space X、Yelp 等十几家出色的科技新创公司提供早期资金，其中多家公司由早年 PayPal 的同事负责营运，这些人在硅谷有"PayPal 黑帮"之称。他成立了蒂尔奖学金（Thiel Fellowship）鼓励年轻人在校园之外学习和创业。他还成立了蒂尔基金（Thiel Foundation），推动科技进步和对未来的长远思考。

彼得·蒂尔最值得称道的一笔投资是曾在 2004 年为 Facebook 创始人马克·扎克伯格提供了 50 万美元的启动资金，而这笔投资在后来为其带来超过 10 亿美元的收益，堪称风投界经典中的经典。

而将彼得·蒂尔介绍给马克·扎克伯格并促成此笔投资的人是蒂尔在斯坦福大学的同窗——雷德·霍夫曼。他们两人志趣相投，但性格迥异。

雷德·霍夫曼（Reid Hoffman），出生于 1967 年，是 LinkedIn 联合创始人，曾经担任过 PayPal 副总裁，是硅谷最著名的天使投资人之一，曾经投资过 60 多家创业公司，包括 Facebook 和 Digg，被称为"硅谷人脉之王"，是很多硅谷创业者心中的殿堂级人物。

硅谷、斯坦福、创业、风投，已经盘根错节地交织得不可分离，而霍夫曼则将四者融于一身。1997 年 8 月，他便与他人创立自己的第一家公司——SocialNet（一个网上交友约会网站）。由于切入时机过早与经营思路偏差，最终导致创业失败。同时，他还是 PayPal 的董事会成员，在 2002 年 PayPal 被 eBay 收购时，他已经升任 PayPal 副总裁，并由此笔交易成为千万富翁。

成为千万富翁后，他只买了一辆讴歌汽车，而将大部分钱投入到硅谷第一家太阳能面板公司 Nanosolar，如今 Nanosolar 已经成长为一家价值数十亿美元的企业。

此外，2002 年霍夫曼与他人在自家客厅联合创办了 LinkedIn，2003 年正式上线，这是首家商业领域里的在线社交网络公司。与 Facebook 不同，LinkedIn 是面向商业客户的社交网络公司，它主要让注册用户维护商业交往中认识并信任的联系人，用中国话来讲，就是构建"关系网"或"人脉"（Connections）。在上线 8 年之后，LinkedIn 于 2011 年成功在纽交所上市。截至 2014 年 4 月，LinkedIn 全球注册会员突破 3 亿，进一步确立了全球最大职业社交网站的地位。《福布斯》曾这样对比 LinkedIn 和 Facebook，用户每月花在前者的时间是 18 分钟，而后者达到 6.4 小时。但如果从收入来看，结果大相径庭——LinkedIn 平均从每位用户处获得 1.3 美元，而 Facebook 仅从每位用户处获得 6.2 美分，整整相差了 20 多倍。

霍夫曼在社交游戏公司 Zynga 上的投资也为外界所津津乐道。这家公司成立于 2007 年 6 月，主要是开发一些网页游戏，并发布在 Facebook 及 Myspace 等社交网站上。霍夫曼本人早在 Zynga 第一轮融资的时候便已加入，同时还成为董事会成员。Zynga 在 2011 年的上市招股书中透露，这家成立仅 4 年的公司独立用户已经达到 1.48 亿，遍及 166 个国家和地区。

霍夫曼投资的公司还包括 Wikia、Permuto、SixApart、thesixtyone 以及 shopkick 等，他参与了几乎所有前景广阔的社交媒体初创公司的创立。在《福布斯》2012 年科技界"全球十大风险投资家排行榜"中，他名列前三位。

最为遗憾的是，2004 年由于自己的公司 LinkedIn 与 Facebook 的业务冲突（同为社交网站），霍夫曼仅向 Facebook 投资了 4 万美元，错过了成就投资生涯最大的投资经典的机会。如今，他和妻子共拥有 Facebook470 万股的股票。

彼得·蒂尔与雷德·霍夫曼等"PayPal 黑帮"成员创业或投资的部分企业如图 8-1 所示。

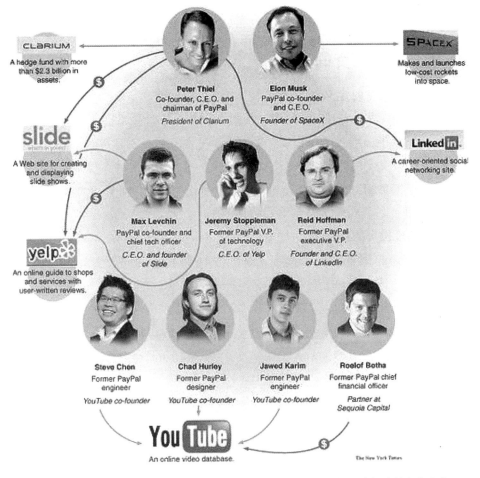

图 8-1 彼得·蒂尔与雷德·霍夫曼等"PayPal黑帮"成员创业或投资的部分企业

（注：本文根据百度百科相关资料改写而成）

讨论

　　根据上述两位世界顶尖创业家兼投资家的创业与投资案例，思考电商创业项目为什么经常需要引入风险投资？引入风险投资的目的是什么？又有哪些利弊？

8.1 风险投资概述

8.1.1 风险投资的概念

（1）风险投资的定义

风险投资（Venture Capital，VC），在中国是一个约定俗成的具有特定内涵的概念，也可以翻译成创业投资。广义的风险投资泛指一切具有高风险、高潜在收益的投资；狭义的风险投资是指以高新技术为基础，生产与经营技术密集型产品的投资。根据美国风险投资协会的定义，风险投资是由职业金融家投入到新兴的、迅速发展的、具有巨大竞争潜力的企业中的一种权益资本。

（2）风险投资的释义

从投资行为的角度来讲，风险投资是把资本投向蕴藏着失败风险的高新技术及其产品的研究开发领域，旨在促使高新技术成果尽快商品化、产业化，以取得高资本收益的一种投资过程。从运作方式来看，是指由专业化人才管理下的投资中介向特别具有潜能的高新技术企业投入风险资本的过程，也是协调风险投资家、技术专家、投资者的关系，利益共享，风险共担的一种投资方式。

（3）风险投资的性质

风险投资是具备资金实力的投资家对具有专门技术并具备良好市场发展前景，但缺乏启动资金的创业家进行资助，帮助其圆创业梦，并承担创业阶段投资失败风险的投资。投资家投入的资金换得企业的部分股份，并以日后获得红利或出售该股权获取投资回报为目的。风险投资的特色在于甘冒高风险以追求最大的投资报酬，并将退出风险企业所回收的资金继续投入"高风险、高科技、高成长潜力"的类似高风险企业，实现资金的循环增值。投资家以筹组风险投资公司、招募专业经理人从事投资机会评估并协助被投资事业的经营与管理等方法，早日实现投资收益，降低整体投资风险。

（4）风险投资人

风险投资人大体可以分为以下 4 类。

① 风险资本家

风险资本家是指向创业者或企业家投资的企业家，与其他风险投资人一样，他们通过投资来获得利润。但不同的是风险资本家所投出的资本全部归其自身所有，而不是受托管理的资本。

② 风险投资公司

风险投资公司的种类有很多种，但是大部分公司通过风险投资基金来进行投资，这些基金一般以有限合伙制为组织形式。

③ 产业附属投资公司

这类投资公司往往是一些非金融性实业公司下属的独立风险投资机构，它们代表母公司的利益进行投资。这类投资人通常主要将资金投向一些特定的行业。和传统风险投资一样，产业附属投资公司也同样要对被投资企业递交的投资建议书进行评估，深入企业做尽职调查，并期待得到较高的回报。

④ 天使投资人

这类投资人通常投资于非常年轻的公司以帮助这些公司迅速启动。在风险投资领域，"天使投资人"这个词指的是企业家的第一批投资人，这些投资人在公司产品和业务成型之前就把资金投入进来。

8.1.2 风险投资的发展

（1）风险投资的起源

风险投资的起源可以追溯到 19 世纪末期，当时美国一些私人银行通过对钢铁、石油和铁路等新兴行业进行投资，从而获得了高回报。1946 年，美国哈佛大学教授乔治·多威特和一批新英格兰地区的企业家成立了第一家具有现代意义的风险投资公司——美国研究发展公司（AR&D），开创了现代风险投资业的先河。但是由于当时条件的限制，风险投资在 20 世纪 50 年代以前的发展比较缓慢，真正兴起是从 20 世纪 70 年代后半期开始的。1973 年随着大量小型合伙制风险投资公司的出现，全美风险投资协会宣告成立，为美国风险投资业的蓬勃发展注入了新的活力。目前，美国的风险投资机构已接近 2000 家，投资规模高达 600 多亿美元，每年约有 10000 个高科技项目得到风险资本的支持。

（2）风险投资的普及

风险投资在美国兴起之后，很快在世界范围内产生了巨大影响。1945 年，英国诞生了全欧洲第一家风险投资公司——工商金融公司。但英国风险投资业起步虽早，发展却很缓慢，直至 20 世纪 80 年代英国政府采取了一系列鼓励风险投资业发展的政策和措施后，风险投资业在英国才得以迅速发展。其他一些国家如加拿大、法国、德国的风险投资业随着新技术的发展和政府管制的放松，也在 20 世纪 80 年代有了相当程度的发展。日本作为亚洲的经济领头羊，其风险投资业也开展得如火如荼。到 1996 年，日本的风险投资机构就有 100 多家，投资额高达 150 亿日元以上。但与美国不同的是，日本的风险投资机构中有相当一部分是由政府成立的，这些投资机构也大多不是从事股权投资，而是向高技术产业或中小企业提供无息贷款或贷款担保。

（3）中国的风险投资

我国的风险投资业在 20 世纪 80 年代才姗姗起步。1985 年 1 月 11 日，我国第一家专营新技术风险投资的全国性金融企业——中国新技术企业投资公司在北京成立。同时，通过火炬计划的实施，我国又创立了 96 家创业中心、近 30 家大学科技园和海外留学人员科技园，它们都为我国的风险投资事业做出了巨大贡献。1986 年，政协"一号提案"为我国的高科技产业和风险投资发展指明了道路，为我国的风险投资业掀开了新的一页。

我国几乎所有国际风险投资公司的高管都由海归人士担任，大部分风险投资是通过海归或海归工作的外企带进国内的。这些投资促进了国内对创业的热情，促进了一大批海归企业和国内中小企业的发展，同时也带动了国内风险投资行业的进步。

2015 年年底，中国股权投资基金协会、北京股权投资基金协会联合组织的"2015 全球及中国 PE/VC（私募股权投资/风险投资）行业评选"正式公布，评出的中国 2015 年中国 VC10 强包括 DCM 资本、中国 IDG 资本、北极光创投、晨兴资本、达晨创投、红杉资本中国基金、今日资本、经纬中国、启明创投、深圳市创新投资集团有限公司等。

（4）风险投资的作用

风险投资在培育企业成长，促进一国的经济乃至全球经济的发展过程中都起着十分重要的作用。它可以推动科技成果尽快转化为生产力，促进技术的创新，促进管理和制度的创新。除此之外，风险投资机构还可以为被投资公司提供高水平的咨询、顾问等服务。风险投资业自乔治·多威特开创以来，已经历经近百年发展而长盛不衰，就是因其在现代经济中显示出了强大的生命力与先进性。

以中国为例，以百度、新浪、搜狐、携程、如家等为代表的一批留学人员回国创业企业给国内带回了大批风险投资，这种全新的融资方式，极大地催化了中小企业的成长。

8.1.3 风险投资的运作

（1）阶段

风险投资的运作一般包括融资、投资、管理、退出4个阶段。

① 融资

融资阶段解决"钱从哪儿来"的问题。通常，风险资本的来源包括养老基金、保险公司、商业银行、投资银行、大公司、大学捐赠基金、富有的个人及家族等，在融资阶段，最重要的问题是如何解决投资者和管理人的权利义务及利益分配关系安排。

② 投资

投资阶段解决"钱往哪儿去"的问题。专业的风险投资机构通过项目初步筛选、尽职调查、估值、谈判、条款设计、投资结构安排等一系列程序，把风险资本投向那些具有巨大增长潜力的创业企业。

③ 管理

管理阶段解决"价值增值"的问题。风险投资机构主要通过监管和服务实现价值增值，"监管"主要包括参与被投资企业董事会、在被投资企业业绩达不到预期目标时更换管理团队成员等手段，"服务"主要包括帮助被投资企业完善商业计划、公司治理结构以及帮助被投资企业获得后续融资等手段。价值增值型的管理是风险投资区别于其他投资的重要方面。

④ 退出

退出阶段解决"收益如何实现"的问题。风险投资机构主要通过IPO（首次公开募股，俗称"上市"）、股权转让和破产清算3种方式退出所投资的创业企业，实现投资收益。退出完成后，风险投资机构还需要将投资收益分配给提供风险资本的投资者。

（2）方式

风险投资一般采取风险投资基金的方式运作。风险投资基金的法律结构是采取有限合伙的形式，而风险投资公司则作为普通合伙人管理该基金的投资运作，并获得相应的报酬。在美国采取有限合伙制的风险投资基金，可以获得税收上的优惠，政府也通过这种方式鼓励风险投资的发展。

（3）特征

风险投资具有如下特征。

- 投资对象多为处于创业期（Start-up）的中小型企业，而且多为高新技术企业。
- 投资期限至少在 3 年以上，投资方式一般为股权投资，通常占被投资企业 30%左右的股权，而不要求控股权，也不需要任何担保或抵押。
- 投资决策建立在高度专业化和程序化的基础之上。
- 风险投资人（Venture Capitalist）一般积极参与被投资企业的经营管理，提供增值服务。
- 除了种子期（Seed）融资外，风险投资人一般也对被投资企业以后各发展阶段的融资需求予以满足。
- 由于投资目的是追求超额回报，当被投资企业增值后，风险投资人会通过上市、收购兼并或其他股权转让方式撤出资本，实现增值。

（4）特点

风险投资是由资金、技术、管理、专业人才和市场机会等要素所共同组成的投资活动，它具有以下 6 个特点。

- 以投资换股权方式，积极参与对新兴企业的投资。
- 协助企业进行经营管理，参与企业的重大决策活动。
- 投资风险大、回报高，并由专业人员周而复始地进行各项风险投资。
- 追求投资的早日回收，而不以控制被投资公司所有权为目的。
- 风险投资公司与创业者的关系是建立在相互信任与合作的基础之上的。
- 投资对象一般是高科技、高成长潜力的企业。

8.2　风投案例解析

根据新加坡天使投资人 Arnaud Bonzom 2015 年 4 月在 SlideShares 网站上发布的一份名为"2015 年一季度亚太地区风投资本趋势"的报告显示，2015 年一季度亚太地区共有总计 436 笔风险投资，募集金额总计 94 亿美元。其中，电商及其相关平台募集了上述 53%的风投资金；在其中 11 笔最大的投资中，4 笔都是由大企业投资的；在前 10 大投资中，有 9 笔都发生在中国；10 家最活跃风投公司的投资占到总投资交易金额的 29%；30 家风投资金总计投资了 44.4 亿美元，最大投资额为 9.1 亿美元；最大的单轮投资是大众点评网，他们获得了 8.5 亿美元的投资。

上述数据显示电商已经成为风投青睐的投资领域，中国已经成为风投投资的热点区域，投资也主要来自大企业和业内活跃的少数风投公司。以下选取风投投资中国电商的几个经典案例加以分析。

8.2.1 真格基金之聚美优品

（1）简介

① 真格基金

真格基金是由新东方创始人之一的徐小平先生于 2006 年创立的天使投资基金，旨在鼓励青年人创业、创新。继新东方为莘莘学子筑起出国留学的桥梁，真格基金希望能为海外学子搭建起归国创业的彩虹。真格基金乐于帮助那些拥有具备国际意识、懂真格的青年人实现他们的创业梦想。截至 2011 年 11 月，真格基金已经投资了包括世纪佳缘、兰亭集势、聚美优品等 80 家公司。在 2011 年 11 月，真格基金与红杉资本中国基金正式成为战略合作伙伴，步入全新的时代，投资领域主要涉及电子商务、移动互联、教育培训、娱乐媒体等广泛领域。

电影《中国合伙人》就是以俞敏洪先生、徐小平先生与王强先生创办新东方教育的真实经历为背景改编而成的，王强先生于 2011 年加入真格基金，成为联合创始人。

② 聚美优品

聚美优品是一家化妆品限时特卖商城，其前身为团美网，由陈欧、戴雨森、刘辉创立于 2010 年 3 月。聚美优品首创"化妆品团购"模式——每天在网站推荐十几款热门化妆品。2010 年 9 月，团美网正式全面启用聚美优品新品牌，并且启用全新顶级域名。2014 年 5 月，聚美优品在美国纽交所正式挂牌上市。2014 年 6 月，聚美优品低调上线海淘网站海外购；2015 年 4 月，聚美优品推出了母婴频道，主推跨境母婴业务。

（2）真格基金投资聚美优品

真格基金创始人徐小平先生认为投资先看人和团队，投资"救急不救穷"，投资人需要对创业者进行价值引导。徐小平前后总计投给聚美优品 38 万美元，获得聚美优品 7.7% 的股份。聚美优品 2014 年 5 月在纽交所上市时，徐小平从早年 38 万美元的天使投资中获得的回报超过 600 倍，账面收益约 2.3 亿美元，成为他迄今为止最为成功的一笔投资。

① 青年精英创业团队

2006 年，陈欧与师弟刘辉（当时同为新加坡南洋理工大学学生）在新加坡创办了在线游戏对战平台 GG Game。当时，GG Game 已经达到 10 万人同时在线，最高峰时有四五十万人。GG Game 通过出售增值服务的方式盈利，当时基本可以实现收支平衡。陈欧后赴美国斯坦福大学攻读 MBA 期间（2008 年）出售了 GG Game 的股份，拿到千万级别的现金。仅仅一年之后，GG Game 就获得了腾讯千万美元级别的投资。

陈欧在美国斯坦福大学攻读 MBA 期间认识了戴雨森，戴雨森后放弃即将获得的斯坦福大学硕士学位，追随陈欧回国创业；刘辉也于 2009 年出售了 GG Game 的股份，同时放弃未到手的价值 100 万美元的期权，追随陈欧回国创业。陈欧有技术经验，长于融资、战略、市场；刘辉是技术负责人；戴雨森是很好的视觉设计师。从产品、视觉设计、技术实现到推广，一个优势互补明显的青年精英创业团队由此形成。

② 获得真格基金风投

早在 2007 年，陈欧为 GG Game 在国内寻找投资人的时候，经兰亭集势创始人郭去疾（徐小平是兰亭集势的天使投资人）的介绍，就认识了徐小平。当陈欧为国内这个创业项目找到徐小平的时候，已经是 2009 年了。在美国期间，陈欧就开始筹备回国创业计划，最后选择了游戏内置广告商业模式，他开始不断回国和投资人进行接触，最后拿到了真格基金 18 万美元的投资。

陈欧事后表示：天使投资人的投资会使项目显得更加光鲜，用自己的钱创业，会让外界觉得你可能是找不到工作、也没啥家底。获得像徐小平这样的著名天使投资人的投资是一个放大器，会使得后面的融资更加容易。

③ 项目多次转型成功

这家名为 Reemake 的游戏广告公司在中国诞生后，迅速遭遇了水土不服，几个月的时间，公司账面上就只剩下 30 万元了。当时，3 位创始人并没有勇气完全放弃游戏业务，而是投石问路地尝试了化妆品团购业务。他们花了两天的时间搭建起团美网（聚美优品前身），在线上做了一些简单的推广，获得了相当不错的效果。随着团美网盈利可能性的增加，他们决定放弃原先的游戏项目转型做化妆品团购。但是此时，市场上已经有了 36 团、VC 团这些团购公司，市场已是一片红海。凭借着早期就开始做仓储物流这些 B2C 基因，陈欧团队再次转型，团美网从"千团大战"中抽离出来，变身化妆品 B2C 聚美优品。

在陈欧团队创业项目的转型过程中，真格基金给予了他们充分的信任，并给予了他们坚定的支持，即使在陈欧表示不再需要新的投资时，徐小平还是再投资了 20 万美元给聚美优品。

④ 营销运营全程指导

受到雷军为凡客代言的启发，徐小平建议陈欧为聚美优品亲自代言。此举不仅为聚美优品省下巨额明星代言费用，还创造了国内电商界自"凡客体"之后最为成功的"陈欧体"，迅速打响了聚美优品的知名度。陈欧此后又以老板团成员的身份参与了天津卫视招聘栏目《非你莫属》的录制，聚美优品的知名度随之迅速上升，日均销量也从 50 万元增长到 150 万元。

2013 年 4 月在优酷一档《老友记》节目的录制现场，徐小平就"聚美优品品牌信誉危机"等话题与陈欧进行了对话。当时聚美优品的"301 大促"活动三天的销售额就超过了 10 亿元，但"大促"背后发配货不及时、客服联系不上、网站商品与实物不符等问题凸显，导致聚美优品陷入了品牌信誉危机。徐小平敦促陈欧要对聚美优品的消费者负责，并对此次事件进行妥善处理。

2014 年 8 月 18 日，聚美优品宣布任命徐小平为公司独立董事，除此之外，徐小平还担任了聚美优品董事会下属的审计委员会成员。由此可见，作为天使投资人的徐小平先生不仅给聚美优品的发展带来了资金，还为其营销运营提供了全程的指导。

扫一扫，且看陈欧如何为自己代言。

8.2.2　今日资本之京东

（1）简介

① 今日资本

今日资本是一家专注于中国市场的国际性投资基金。目前，今日资本独立管理着 15 亿美元的基金，主要来自英国政府基金、世界银行等著名投资机构。今日资本作为一个高度本土化的国际投资基金团队，投资团队成员均拥有丰富的投资经验。今日资本创始人兼总裁徐新女士从事中国风险投资以及直接投资工作超过十年，为业内顶尖的专业投资人。她曾主导和参与了对网易、中华英才网、相宜本草、都市丽人、真功夫快餐、永和大王、良品铺子、京东、钻石小鸟、三只松鼠、土豆、赶集、蚂蜂窝、大众点评等著名公司的投资。2014年12月，《福布斯》中文版因徐新女士"投资京东回报百亿"而称其为"风投女王"。

② 京东

1998年6月18日，刘强东先生在北京中关村创业，成立京东公司。如今京东已经发展成为中国最大的自营式电商企业，2015年第一季度在中国自营式B2C电商市场的占有率为56.3%。目前，京东集团旗下设有京东商城、京东金融、拍拍网、京东智能、O2O及海外事业部。2014年5月，京东在美国纳斯达克证券交易所正式挂牌上市，是中国第一个成功赴美上市的大型综合性电商平台，与腾讯、百度等中国互联网巨头共同跻身全球前十大互联网公司排行榜。2015年，京东交易总额达4627亿元，净收入1813亿元，亏损94亿元。

（2）今日资本投资京东

今日资本创始人兼总裁徐新认为投资人面对一个创业企业，最看重的三点是创始人、团队和所在市场的方向。今日资本在京东项目上前后总共投入了3000万美元，持有京东7.8%的股份。2014年5月京东在美国纳斯达克上市时，今日资本在对京东的这笔投资中获利22亿美元。

① 第一要素为人

徐新的投资理念是：创业者是红花，投资人是绿叶，业务方面要由企业家拍板决策。徐新认为一个企业家最重要的是要有洞察力，要有眼光，要能看到别人看不到的东西，要能做很多很艰难的决策，真理往往掌握在少数人手里。作为投资人，既然投了，就要相信他，并且坚持下来。

刘强东大学时就开始创业，天生就是个创业者；他刻苦自学编程，曾靠帮人家编程赚钱；在中关村开店卖刻录机、卖光盘都卖到第一。当京东获得第一笔融资时，刘强东的决策是用了扩品类；徐新曾担心资金不足，但刘强东依然坚持。结果证实，这是非常关键的战略决策，扩品类将客单价降下来，使用户的尝试成本降低。当京东获得第二轮融资时，刘强东提出要自建仓储物流，每到一个城市都要建一个配送中心，资金的压力很大。即使面对资金上更大的压力，徐新对刘强东都抱有坚定的信念，对刘强东自建物流给予支持。当时连阿里巴巴都还没开始做仓储物流，使得京东在此后的三年内在电商物流方面没有竞争对手。

② 第二要素是项目

今日资本早期投资京东时，京东当时是一家只有 50 个人、5000 万元销售额的小公司。但是当时京东没有一分钱的广告费，某些老客户一年复购 3 次，月销售额增长 10%；同时刘强东既是老板又是京东头号客服，每天都会在网站给用户回帖，可见刘强东非常重视用户体验。刘强东认为电子商务的核心竞争力就是低成本和高效率，这也是京东的核心价值所在。2007 年京东曾做过市场调研，消费者选择电商的因素中第一是价格，第二是产品，第三是便利性。而到了 2011 年京东再做这样的调研时，发现"产品"变成第一位，也就是需要有"正品质量"保证。京东随着规模越来越大，在用户心目中的口碑也越来越好。正是因为徐新团队认可这个项目，今日资本才成为了京东的早期投资人。

③ 第三要素是团队

刘强东只要没有出差，必定会在早晨 8 点 30 分准时到公司，与近百名京东管理人员一起开例会。在会上，刘强东能够快速就各方提出的问题做出决策。刘强东除了对高层团队的重视外，对基础人才的培养也特别重视。刘强东认为，团队永远是企业的核心竞争力。从创业的第一天开始，京东就确定了发展人、发展团队的战略。

徐新很认可京东的例会制度，同时也认为京东的发展中团队的因素非常关键。她认为京东是高端人才（技术、数据、互联网）与蓝领员工（快递员）并存的一家公司，能够把这两种类型的人管理好，刘强东是有自己的独到之处的。

④ 投后跟踪服务

今日资本投资京东时，京东当时连全职会计都没有。徐新投资后介绍了一位财务总监给刘强东，但是其月薪 2 万元超过了京东当时老员工最高月薪 1 万元的标准。为了表示对京东的支持，今日资本负担了京东财务总监月薪的一半（1 万元），才使其月薪符合了京东的要求。徐新还向刘强东介绍了管培生项目（企业中"以培养公司未来领导者"为主要目标的特殊项目），刘强东随后马上就在京东实施。让一些从高校招来的管理培训生在京东轮岗，给他们很大的学习和发展的空间，最后管培生按照自己的喜好定岗，这些人后来很多都成为了京东发展的中坚力量。

8.2.3　软银之阿里巴巴

（1）简介

① 软银中国资本

软件银行集团（Softbank）由孙正义先生于 1981 年在日本创立，并于 1994 年在日本上市，是一家综合性的风险投资公司，主要致力 IT 产业的投资，包括网络和电信。软银在全球投资过的公司已超过 600 家，在全球主要的 300 多家 IT 公司拥有多数股份。

软银中国资本（SBCVC）成立于 2000 年，是一家领先的风险投资和私募股权基金管理公司，致力于在大中华地区投资优秀的高成长、高科技企业，曾成功投资了阿里巴巴、淘宝网、分众传媒、万国数据、神雾、普丽盛、迪安诊断、理邦仪器、PPTV 等一系列优秀企业。目前软银中国资本同时管理着多个美元和人民币基金，投资领域包括信息技术、清洁技术、医疗健康、消费零售和高端制造等行业，投资阶段涵盖早期、成长期和中后期各个阶段。

软银中国资本的团队拥有成功的创业经历、丰富的运营经验以及深厚的技术背景，同时具有优秀的投资业绩。除资本支持外，软银中国资本的团队还在战略发展、市场开拓、资源整合、人才引进等多方面助力企业发展，帮助被投企业获得成功。

软银中国资本在我国的上海、北京、天津、苏州、重庆、成都、西安、杭州、南京、深圳、香港及台湾等地均设有办事机构。

② 阿里巴巴

阿里巴巴网络技术有限公司（以下简称"阿里"）是以曾担任英语教师的马云为首的 18 个人于 1999 年在中国杭州创立的互联网公司,现已发展成为全球市值最高的公司之一。

阿里经营多项业务，另外也从关联公司的业务和服务中取得经营商业生态系统上的支援。阿里及其关联公司的业务包括淘宝、天猫、聚划算、全球速卖通、阿里巴巴国际交易市场、1688、阿里妈妈、阿里云、蚂蚁金服、菜鸟网络等。2014 年 9 月 19 日，阿里巴巴集团在美国纽约证券交易所正式挂牌上市，股票代码"BABA"，成为纽交所历史上最大的一笔 IPO（首次公开募股）。2015 年阿里巴巴的营收为 122.93 亿美元，同比增长 45.14%，同期实现净利 39.23 亿美元，同比增长 3.92%。

（2）软银投资阿里巴巴

软银中国基金（SBCVC）在孙正义先生（软银创始人）与薛村禾先生（软银中国资本执行主管合伙人)领导下于 2000 年和 2003 年先后投资阿里巴巴和淘宝共 2300 万美元。软银作为阿里巴巴早期最大的投资者，在两位世界顶级投资家的犀利眼光中，软银在这两笔投资中获得了 1000 多倍的高额回报。更为直观且令人震撼的数字是 14 年间（2000 年至 2014 年），这两笔投资由 2300 万美元升值为 240 亿美元，使之成为世界 VC 史上最成功的投资案例。

① 软银中国慧眼识珠

1999 年，伴随 UT 斯康达等登陆美国资本市场，中国互联网公司成为海外风投的"新宠"。作为 UT 斯康达的投资者，孙正义委托以薛村禾为首的 UT 斯康达高管团队筹建软银中国基金，并一直想"近距离"考察一下中国互联网公司。借 UT 斯康达在北京总部召开董事会之机，孙正义及其日本团队计划面谈部分中国互联网创业者。孙正义委托软银中国筛选一些优秀的中国互联网创业项目，最终软银中国团队挑选出数十家中国互联网公司，邀请其创始人到北京参加"面对面"交流。当时参加交流的中国创业者包括阿里巴巴的马云、新浪的王志东、网易的丁磊等，而软银方面则有孙正义、薛村禾、吴鹰、周志雄等出席。马云正是周志雄找来参与交流的创业者，在规定的 6 分钟陈述时间内，马云将电子商务说得清楚明白，又花了四五十分钟与软银方面进行了问答交流。凭借个人魅力，马云在这个短暂交流中获得了软银中国团队及孙正义的初步认可。

薛村禾带领软银中国团队开展尽职调查后，向软银总部提出了态度坚决的建议——在中国 B2B 电商领域只投阿里巴巴一家。此后，对阿里巴巴的投资就由软银中国团队全权负责，对阿里巴巴此次投资的最终额度定为 2000 万美元。

② 坚定支持继续投资

薛村禾当年在多个可能的公司中只愿意支持阿里巴巴的原因只有一个——马云及其团队更靠谱、更可信。

如果说投资阿里巴巴仅为开端，那么再度投资淘宝则证明软银中国团队的"投资功力"。2003 年马云创立淘宝时，薛村禾当机立断、决定继续投资淘宝，并说服陷入低迷股市、无暇"东顾"的孙正义继续投资，最终帮助淘宝赢得对抗 eBay 的战役，奠定了阿里巴巴世界级互联网公司的基础。

尽管阿里巴巴还有其他投资人，但只有薛村禾领导的软银中国继续"冒险"

支持阿里巴巴创业团队，发掘开拓出新的巨大机会——淘宝和支付宝，而非停留在单纯的一次性资金投资。在业内这被视作"顺藤摸瓜式"的投资，而软银中国团队将其称为"阿里/淘宝"投资模式。

③ 3年实现盈亏平衡

1999年9月，马云带领18位创始人集资50万元在杭州湖畔花园马云的公寓中正式成立了阿里巴巴，公司首个网站是英文全球批发贸易市场——阿里巴巴（www.alibaba.com），同年阿里巴巴集团推出专注于国内批发贸易的中国交易市场（www.1688.com）。由于当时马云及其团队为草根创业，办公室设在马云家中，团队成员租住在附近小区，每人月薪仅为500元。阿里巴巴当时提供给买方卖方的服务全部免费，所以很快阿里巴巴的50万元启动资金就花光了。

1999年10月，经阿里巴巴第19号创始人蔡崇信先生（现为阿里董事局副主席）引荐，阿里巴巴从数家投资机构融资500万美元。2000年1月，阿里巴巴从软银等数家投资机构融资2000万美元。2001年12月，阿里巴巴注册用户数超越100万。2002年12月，阿里巴巴首次实现全年正现金流入，主要通过收取会员年费和衍生服务费获得。至此，阿里巴巴实现盈亏平衡。

④ 业务范围不断拓展

阿里巴巴从国际站B2B批发（www.alibaba.com）起步，逐步拓展到国内站B2B批发（www.1688.com）、C2C零售（www.taobao.com）、B2C零售（www.tmall.com）、团购聚划算、跨境B2C零售（www.aliexpress.com）和天猫国际（www.tmall.hk）等；此外，还在衍生服务方面开发了支付宝、余额宝、娱乐宝等产品。

上述业务范围的每一步拓展，都需要巨额资金的支持。软银继续在2004年阿里巴巴的第三轮8200万美元的融资中领投了6000万美元，是阿里众多投资者中少有的长期战略投资者，同时也是帮助阿里成为世界电商巨头的最重要幕后推手。

电商创业是否一定需要引入风投？此问题并无确定答案。一些电商创业者坚持企业"小而美"的发展道路，拒绝风投的介入，牢牢控制企业的大部分股权，使用自有资金逐步发展壮大企业；而另一些电商创业者则根据自身的实际需要选择风投，出让部分股权换取风投资金，力求快速把企业做强做大。通常电商创业者可以通过风投的微博、微信、官网等渠道联系到风投机构的相关人士，也可以通过参加各级各类创业比赛集中接触多家风投机构。

思考

1. 结合上述案例讨论：风险投资主要是投资于人，还是投资于项目？企业是否一定需要获得风投才可发展？说明理由，并在网络搜索一些风投案例支持自己的观点。

2. 结合上述案例，了解企业发展所处阶段与风险投资的投入时机的匹配问题。讨论：获得风投是否就意味着企业获得了成功？上市是否就意味着企业获得了成功？

附录　参考案例索引

[1] 赵大伟. 互联网思维独孤九剑[M]. 北京：机械工业出版社，2014.

[2] 王晓晶. 电子商务与网络经济学（第 2 版）[M]. 北京：清华大学出版社，2014.

[3] 孙细明，叶琼伟，朱湘晖等. 电子商务创业[M]. 北京：化学工业出版社，2015.

[4] 熊萍. 职业生涯规划[M]. 长沙：中南大学出版社，2006.

[5] （美）彼得·蒂尔，（美）布莱克·马斯特斯. 从 0 到 1[M]. 高玉芳，译. 北京：中信出版社，2015.

[6] 费琦丽，吕继仁. 决胜网络创业[M]. 北京：中国劳动社会保障出版社，2015.

[7] 百度百科

[8] 真格基金官网

[9] 今日资本官网

[10] 软银中国资本官网